„Tiere können nicht für sich selbst sprechen. Deshalb ist es so wichtig, dass wir als Menschen unsere Stimme für sie erheben und uns für sie einsetzen."

Gillian Anderson
Schauspielerin

Einleitung | Immer mehr Menschen ernähren sich heutzutage aus wichtigen Gründen wie Umweltschutz, Gesundheit oder Tierschutz vegan oder vegetarisch. Ethik und Moral treten in den Vordergrund und verdrängen Ignoranz und Unrecht. Der Trend wird durch Lebensmittelskandale bei Fleisch, Eiern und Milchprodukten, aber auch durch immer mehr aufklärende Fakten, Fotos und Videos stetig beflügelt. Dieses Buch führt Veganer, Vegetarier, Laktoseintolerante, Cholesterinbewußte oder einfach interessierte Menschen durch die unzähligen Einkaufsmöglichkeiten, Restaurants, Cafés und Hotels mit veganem Angebot in ganz Deutschland.

Aufnahmekriterien | Unser Hauptaugenmerk liegt auf **vegane Gerichte**. Wir stellen deshalb nur Restaurants vor, die entweder ausschließlich vegetarische oder vegane Speisen anbieten oder die eine außergewöhnlich gute Auswahl veganer Gerichte anbieten. Vegane Gerichte müssen auf der Karte oder der Menütafel als solche gekennzeichnet sein. Es genügt unseren **Qualitätsansprüchen** nicht, wenn ein Restaurant zum Beispiel nur einen Salat führt und sonst nur Fleischgerichte anbietet. Läden, Supermärkte, Bäckereien etc. werden aufgenommen, wenn die angebotenen veganen Produkte über die typische Menge hinausgehen.

Vegetarismus & Veganismus | Wer sich vegetarisch ernährt, isst keine Produkte vom toten Tier, also kein Fleisch und kein Fisch.

Die vegane Lebensweise geht noch einen großen Schritt weiter. Ernährt man sich vegan, verzichtet man ganz auf tierische Produkte, konsumiert also weder Honig und Eier noch Milch und auch nicht die daraus hergestellten Lebensmittel wie z. B. Käse, Sahne oder Butter. Dies hat meistens moralische Gründe, denn z. B. für Eier werden jährlich rund 45 Millionen männlicher Küken direkt nach der Geburt lebendig geschreddert, weil sie für die Industrie nutzlos sind. Viele Veganer weiten diese Einstellung so gut wie möglich auch auf andere Bereiche des Lebens aus. Sie tragen keine Wolle und kein Leder und nutzen nur tierversuchsfreie Kosmetik (Bezugsquellen finden Sie unter den Einkaufsmöglichkeiten oder auf www.vegane-Produkte.net).

Geschäfte und Restaurants mit einem grünen Balken sind rein vegan und bieten keine tierischen Produkte an.

Geschäfte mit einem gelben Balken sind rein vegetarisch. Sie bieten kein Fleisch und kein Fisch an, jedoch unvegane Produkte wie beispielsweise Milch oder Eier.

Geschäfte und Restaurants mit einem orangen Balken bieten auch Fleisch oder Fisch an, deklarieren vegane Gerichte jedoch gut sichtbar.

Veganes Essen ist lecker, vielseitig, umweltfreundlich und vor allem gesund.

Wer sich vegan ernährt, achtet stärker auf die Inhaltsstoffe seiner Lebensmittel, isst meist abwechslungsreicher und tut sich, den Tieren und der Umwelt einen großen Gefallen, denn die Nutztierhaltung ist Klimakiller Nr. 1 und verursacht mehr Treibhausgase als der weltweite Verkehr mit allen seinen Autos, Eisenbahnen, Flugzeugen und Schiffen.

Komplett auf tierische Produkte zu verzichten hilft jedoch nicht nur der Umwelt und der Gesundheit, sondern auch anderen Menschen. Unser überhöhter Konsum tierischer Produkte ist nachweislich Hauptursache für den Welthunger.

Eine Umstellung auf eine vegane Lebensweise erscheint am Anfang vielleicht erst einmal schwer oder gewöhnungsbedürftig.

Hat man jedoch erkannt, dass heutzutage das Wort „Verzicht" eigentlich falsch ist und es viel mehr „Alternativen" heißen müsste, läuft es fast wie von selbst und es dauert nicht lange, bis man neue Rezeptideen, unbekannte Gewürze, ganz neue Gemüsesorten oder andere Lebensmittel entdeckt, die man vorher nie oder nur selten nutzte.

statt	verwenden Veganer einfach
Fleisch	Filets oder Pattys aus Soja, Lupinen, Seitan
Wurst	pflanzliche Wurst auf Soja- oder Lupinenbasis
Eier	Apfelmus (beim Backen), Tofu (für Rührei), Ei-Ersatz
Butter	pflanzliche Margarine, Pflanzenöl
Fisch	vegetarisches Sushi, Veggie „Fisch"filets
Gelatine	Agar-Agar, Pektin, Johannisbrotkernmehl
Milch	Sojadrink, Mandeldrink, Haferdrink, Dinkeldrink
Sahne	Sojasahne, Kokossahne, Hafersahne
Honig	Agavendicksaft, Löwenzahnhonig
Leder	Kunstleder, Mikrofaserprodukte
Wolle	Baumwolle, Polyester, Leinen

Weitere Bezugsquellen und Produkttipps findet man auf www.vegane-Produkte.net.

brennNessel

Dresden | Die BrennNessel ist eine Mischung aus Restaurant und Kneipe und bietet eine große Auswahl an veganen und vegetarischen Speisen. Für vegan lebende Menschen steht eine extra Speisekarte mit rund 25 veganen Gerichten von Salaten und Nudelgerichten bis zu Desserts zur Verfügung. Bei der Bestellung sollte man auf „vegan" hinweisen.

Schützengasse 18, 01067 Dresden
Mo - So: 11:00 - 0:00 Uhr

Weitere Infos: www.veganfreundlich.org/637

LadenCafe áha

Dresden | Im Zentrum von Dresden bietet das Vollwertrestaurant mit wechselnden Ausstellungen überwiegend vegetarische und vegane Gerichte an. Dabei stammen mindestens 70 % aus kontrolliert biologischem Anbau. Die große Auswahl an internationalen Gerichten wird frisch zubereitet und der Kaffee ist fair gehandelt.

Kreuzstr. 7, 01067 Dresden
Mo - So: 9:00 - 0:00

Weitere Infos: www.veganfreundlich.org/641

Falscher Hase

Dresden | Das kleine und gemütliche Restaurant im Dresdner Hechtviertel serviert neben Gerichten von der festen Karte wechselnde Tagesangebote von Suppen über Pasta bis zum Hauptgericht. Der Fokus liegt auf faire und regionale Bioprodukte. Besondere Highlights sind die Burger, Soljanka sowie Nussbraten. Catering wird auch angeboten.

Rudolf-Leonhard-Str. 3, 01097 Dresden
Mo - Do: 16:00 - 22:00, Fr - Sa: 12:00 - 23:00, So: 12:00 - 22:00
Weitere Infos: www.veganfreundlich.org/77

Devils Kitchen

Dresden | Im Herzen der Neustadt befindet sich das Devils Kitchen, ein American Diner, der eine reichhaltige Auswahl vegetarischer und veganer Speisen wie Burger aus Tofu, Lupinen, Gemüse oder Seitan anbietet. Auch Salate, Sandwiches, Veggie-Currywurst und Hotdogs werden immer frisch zubereitet und warten auf hungrige Gäste.

Alaunstr. 39, 01099 Dresden
täglich ab 12:00

Weitere Infos: www.veganfreundlich.org/638

Jaipur

Dresden | Das „Jaipur" ist ein original indisches Restaurant in der Dresdner Neustadt. Es wird von dem Inder Juhjar Singh geführt. Durch die stilvolle Gestaltung und der authentischen Küche lernt man ein Stück weit das indische Leben und die Mentalität kennen. Auf der Speisekarte findet man vegetarische Gerichte, von denen einige vegan sind.

Luisenstr. 59, 01099 Dresden
Mo - So: 11:00 - 0:00

Weitere Infos: www.veganfreundlich.org/639

V-Cake

Dresden | Von Dienstag bis Sonntag werden täglich frische Kuchen, Torten, warme und kalte Getränke, belegte Brote, süße und herzhafte Snacks, Mittagsgerichte und vieles mehr angeboten! Alles wird vorzugsweise aus biologischen, fairen, regionalen und saisonalen Zutaten zubereitet. Alles hausgemacht! Alles vegan!

Rothenburger Str. 14, 01099 Dresden
Di - Do: 11:00 - 19:00, Fr: 11:00 - 20:00, Sa: 10:00 - 20:00, So: 10:00 - 19:00
Weitere Infos: www.veganfreundlich.org/660

Flax

Dresden | Das Flax ist ein veganes Restaurant in der Dresdner Neustadt mit einer wöchentlich wechselnden Tageskarte. Weiterhin gibt es täglich frisch gebackenen veganen Kuchen, diverse vegane Eissorten von PauPau sowie eine feine Auswahl an Kaffeespezialitäten von Phoenix Coffee Roasters - gerne auch mit pflanzlicher Milch.

Schönfelder Str. 2, 01099 Dresden
Mo - Fr: 12:00 - 15:00 Uhr, 18:00 - 22:00 Uhr, Sa - So: 18:00 - 22:00 Uhr
Weitere Infos: www.veganfreundlich.org/684

Yogi

Dresden | Das indische Spezialitätenrestaurant Yogi wird wie das Jaipur von dem Inder Juhjar Singh geführt. In einem traditionellen Ambiente kann man neben den konventionellen Fleischgerichten auch einige vegane Speisen genießen, die in der Kategorie der vegetarischen Speisen eingeordnet, aber als vegan bezeichnet sind.

Österreicher Str. 21, 01279 Dresden
täglich 11:00 - 14:00, 17:00 - 23:00

Weitere Infos: www.veganfreundlich.org/640

Restaurant Papststein

Gohrisch | Der Papststein ist der höchste Tafelberg der Sächsischen Schweiz und hat dennoch den kürzesten Aufstieg. Das gleichnamige Restaurant ist tagsüber Ausflugslokal und abends Restaurant. Vegane Gerichte wie das Sellerieschnitzel oder die Möhrencremesuppe mit Kokosmilch sind auf der Karte gekennzeichnet.

Fels Papststein, 01824 Gohrisch
Mai - Aug.: täglich 11:00 - mind. 22:00. Nov - März nur am Wochenende geöffnet
Weitere Infos: www.veganfreundlich.org/619

Restaurant Pfaffenstein

Pfaffendorf | Der Pfaffenstein in der Sächsischen Schweiz ist einer der Höhepunkte dieser Region. Umso besser ist es, auch hier vegan essen zu können. Das Gasthaus bietet bei den leichten Vorspeisen, den deftigen Hauptgerichten sowie den sündigen Desserts verschiedene vegane Optionen, die auf der Karte auch als vegan deklariert sind.

Fels Pfaffenstein 1, 01824 Pfaffendorf
März - November: täglich 11:00 - 18:00, ansonsten nur am Wochenende
Weitere Infos: www.veganfreundlich.org/551

Altes Zeughaus

Kirnitzschtal | Inmitten des Nationalparks Sächsische Schweiz liegt das Alte Zeughaus, in dem eine abwechslungsreiche, den Jahreszeiten angepasste Küche sowie ein guter und zuvorkommender Service angeboten wird. Einige vegane Gerichte sind bereits auf der Speisekarte deklariert, aber auf Wunsch können weitere vegan serviert werden.

Zeughausstr. 5, 01855 Kirnitzschtal
März bis November: täglich 11:00 bis mindestens 18:00 Uhr
Weitere Infos: www.veganfreundlich.org/598

goVeggie

Bautzen | goVeggie ist die vegetarische Gastronomie des Bautzener Steinhauses. Neben dem täglich wechselnden Mittagstisch wird auch ein Lieferservice angeboten. Das Steinhaus selbst ist ein soziokulturelles Zentrum, das Kindern, Jugendlichen und Erwachsenen den nötigen Raum für die Umsetzung ihrer eigenen Projekte und Ideen bietet.

Albert - Schweitzer Str. 1b, 02625 Bautzen
(Öffnungszeiten siehe Webseite)

Weitere Infos: www.veganfreundlich.org/647

Biokarawane

Leipzig | Bioladen mit einem umfangreichen Sortiment an Obst, Gemüse, Süßigkeiten sowie Fleisch- und Milchersatzprodukten. Das integrierte Bistro bietet täglich wechselnde vegetarische Mittagsgerichte, von denen auch immer einige Speisen vegan sind. Die Mitarbeiter wissen alles über Biokost und beraten jederzeit gern.

Grünewaldstr. 5, 04103 Leipzig
Mo - Fr: 9:00 - 19:00, Sa: 9:00 - 17:00

Weitere Infos: www.veganfreundlich.org/435

Kowalski

Leipzig | Es gibt berühmte Dichter, gute Musik und keine Zeit zu verlieren. Es gibt schöne Gedanken, kleine Sorgen, neue Bilder und die Ideen in den Köpfen. Und es gibt das Café Kowalski. Hier ist Platz für all das. Den aromatischen Kaffee, den frisch gebackenen Kuchen und natürlich die Küche mit veganen Gerichten aus der ganzen Welt.

Ferdinand-Rhode-Str. 12, 04107 Leipzig
Mo - Sa: 9:00 - 0:00, So: 9:00 - 23:00

Weitere Infos: www.veganfreundlich.org/447

S Kultur

Leipzig | Ein Besuch bei S Kultur bedeutet in gemütlichem Ambiente und angenehmer Atmosphäre vegetarische und vegane Gerichte zu genießen. Alle Gerichte werden auf gehobenem Niveau mit frischen regional-saisonalen Produkten und leckerem Fleischersatz zubereitet. In der Küche wird Bewährtes und Neues mit Leidenschaft vereint.

Nathanaelstr. 1, 04177 Leipzig
Di - Sa: 17:00 - 23:00, So: 12:00 - 15:00

Weitere Infos: www.veganfreundlich.org/441

Vleischerei

Leipzig | In der Vleischerei werden seit gut 5 Jahren deftige Speisen wie Vöner (ein veganer Drehspieß aus Seitan und Gemüse), verschiedene Burger, veganes Gyros und vegane Würstchen zubereitet, wahlweise im fluffigen Fladenbrot oder ganz old school mit Fritten direkt aus Kartoffeln mit Schale geschnippelt. Dazu gibt es auserwählte Getränke.

Zschochersche Str. 23, 04229 Leipzig
Mo - Do: 11:30 - 23:00, Fr: 11:30 - 0:00, Sa: 13:30 - 0:00, So: 13:30 - 22:00
Weitere Infos: www.veganfreundlich.org/430

Bio Eisladen

Leipzig | Aus Leidenschaft und Liebe zur süßen Verführung werden Klassiker, aber auch spannende Sorten wie Grüner Peffer oder Ananas-Petersilie von Hand selbst angerührt. Das gesamte Angebot an Fruchteissorten sowie alle Sojaeissorten sind zu 100 % laktosefrei und vegan und auch diverse Milchshakes können vegan zubereitet werden.

Könneritzstr. 21, 04229 Leipzig
Mo - Fr: 13:00 - 18:00, Sa - So: 11:00 - 18:00
(wetterabhängig teilw. auch erst ab 14:00 geöffnet)
Weitere Infos: www.veganfreundlich.org/433

Volle Rolle

Leipzig | Einfach frisch, einfach lecker, einfach voll gerollt. Volle Rolle ist ein Schnellrestaurant in Leipzig Plagwitz. Hier gibt es leckere Wraps, Crêpes und frischen Kaffee aus einer Privatrösterei Leipzigs sowie Softdrinks. Die Volle Rolle setzt der Lust und Laune zu Kombinieren keine Grenzen! Es stehen mehrere vegane Optionen zur Verfügung.

Zschochersche Str. 47, 04229 Leipzig
Mo - Fr: 11:00 - 20:00

Weitere Infos: www.veganfreundlich.org/443

Symbiose

Leipzig | Symbiose ist ein kleines Lokal auf der „Karli“, was sich auf vegane Küche in 100 % Bio-Qualität spezialisiert hat. Lediglich Käse wird als einzige unvegane Zutat auf Wunsch angeboten. Sehr großen Wert wird auf Qualität, Regionalität & Saisonalität, unbelastete Lebensmittel und natürlich Nachhaltigkeit gelegt. Sonntags ist Brunch.

Karl-Liebknecht-Str. 112, 04275 Leipzig
Di - Sa: 17:00 - 0:00, So: 10:00 - 23:00

Weitere Infos: www.veganfreundlich.org/222

Noels Ballroom

Leipzig | Die Tür zu Noels Ballroom ist wie das Tor in eine kleine andere Welt. Einmal durchschritten erlebt man irischen Charme in einem liebevoll eingerichteten Pub mit dem wahrscheinlich schönsten Freisitz der Stadt. Neben den vielzähligen Getränken kann man sich auch für einen veganen Burger aus Soja mit Süßkartoffel-Pommes entscheiden.

Kurt-Eisner-Str. 43, 04275 Leipzig
geöffnet täglich ab 17:00, Küche bis 0:00

Weitere Infos: www.veganfreundlich.org/449

deli

Leipzig | Das deli ist ein kleiner veganer Imbiss, der Burger und Sandwiches auf Basis von Tofu, Tempeh und Seitan anbietet. Man kann aus verschiedenen selbstgemachten Soßen wählen und auch komplette Menüs mit Pommes oder Salat bestellen. Außerdem werden wöchentlich wechselnd verschiedene Suppen und Desserts angeboten.

Wolfgang-Heinze-Str. 12a, 04277 Leipzig
Di - Fr: 12:00 - 22:00, Sa - So: 13:00 - 22:00

Weitere Infos: www.veganfreundlich.org/58

Atacolypse

Leipzig | Atacolypse bietet seit 2012 endlich das beliebte mexikanische Essen auch in einer wind- und wetterfesten Location an. Neben dem veganen Mobil im Black Label Pub (Wolfgang-Heinze-Str. 38) findet man das komplett vegane Essen von Burritos bis zu Tacos auch in der Kicker- und Billardkneipe Billhart in Connewitz.

Wolfgang-Heinze-Str. 38, 04277 Leipzig
Mo - So: bis 23:00

Weitere Infos: www.veganfreundlich.org/429

Curry Süd (Vegan am Kreuz)

Leipzig | Der Imbiss Curry Süd am Connewitzer Kreuz in Leipzig bietet für vegane Fast-Food-Gourmets ein breites Angebot. Mit Seitan aus eigener Herstellung werden diverse vegane Burger und Currywurst zubereitet. Außerdem gibt es leckere Gemüse-Burger-Varianten und Pommes mit veganer Mayo sowie Kaffee und Kaltgetränke.

Kochstr. 134, 04277 Leipzig
Mo - So: 11:00 - 0:00

Weitere Infos: www.veganfreundlich.org/446

Zu Spät

Leipzig | Das Zu Spät vereint ein ausgewähltes Spätisortiment mit einem Bistro, das Speisen wie Hotdogs, Schnitzel, Burger, Currywurst, Panini, viele verschiedene Soßen und ständig wechselnde Gerichte anbietet. Vieles davon ist selbstgemacht und alles ist vegan. Dazu werden viele vegane Produkte wie SpaceBars, Wilmersburger etc. verkauft.

Kippenbergstr. 28, 04317 Leipzig
Mo, Mi - Fr: 12:00 - 0:00, Sa: 18:00 - 0:00, So: 12:00 - 22:00
Weitere Infos: www.veganfreundlich.org/450

Ökoase

Halle | Die Ökoase ist ein freundliches und rauchfreies Restaurant im Zentrum der Händelstadt Halle an der Saale mit ausschließlich vegetarischen und veganen Gerichten. Der wechselnde Mittagstisch bietet ebenfalls vegane Speisen. Diese sind mit einem (v) gekennzeichnet. Angeboten wird auch ein Platten- und Partyservice.

Kleine Ulrichstr. 2, 06108 Halle
Mo - Sa: 8:30 - 19:00

Weitere Infos: www.veganfreundlich.org/617

la ka rot

Halle | Das [la ka rot] bietet eine runde Auswahl an veganen Imbissspezialitäten an. Burger, Fladenbrote, gefüllte Wraps sowie ein wöchentlich wechselndes Hauptgericht werden ergänzt durch verschiedene Salate und Currywurst. Die meisten Zutaten und Soßen werden selbst zubereitet. Zusätzlich gibt es eine Auswahl an Aufstrichen und Süßkram.

Ludwig-Wucherer-Str. 29, 06108 Halle
Mo - Fr: 12:00 - 22:00, Sa: 18:00 - 22:00

Weitere Infos: www.veganfreundlich.org/618

Selketaler Waldgasthof

Mägdesprung | Wer ahnt schon, dass der Gast am schönsten Ende der Welt mit einem vegetarisch-veganen Restaurant und leckeren Speisen überrascht wird? Ferienwohnungen oder einzelne Zimmer stehen zur Verfügung, dazu ein Restaurant und Café mit Bio-Kaffee von Heimbs. Der Kaffeegarten bietet ein herrliches Panorama im Selketal (Harz).

4. Hammer, 06493 Mägdesprung
11:00 - 19:00, Nov. - März geänderte Öffnungszeiten

Weitere Infos: www.veganfreundlich.org/576

Café fau

Jena | Das Café [fau] ist das erste rein vegane Café in Jena. Alle sind herzlich eingeladen, sich mit dem täglich wechselnden Mittagsangebot den Bauch vollzuschlagen, Cupcakes, Kuchen oder Nussecken zu naschen, in den Büchern aus der stetig wachsenden Leseecke zu schmökern und am Wochenende das vielfältige Frühstück zu genießen.

Neugasse 37, 07743 Jena
Mo - Sa: 10:00 - 18:00, So: 10:00 - 16:00

Weitere Infos: www.veganfreundlich.org/508

Café Wagner

Jena | Das Café Wagner in Jena bietet vegetarisches und veganes Essen zu „studentischen Preisen" sowie eine kleine Bar mit gemütlichem Flair. Veranstaltet werden hier ständig Partys, Lesungen, Kinovorführungen und mehr. Kleine, (noch) unbekannte Bands finden eine Bühne und ein aufgeschlossenes Publikum.

Wagnergasse 26, 07743 Jena
Mo - Fr: ab 11:00, Sa - So: ab Veranstaltungsbeginn

Weitere Infos: www.veganfreundlich.org/611

VeinSchmecker

Neustadt | Die Snackbar bietet rein vegane Gerichte in gemütlicher, moderner Atmosphäre. Neben einem aktuellen Tagesgericht gibt es eine bunte Auswahl an Snacks und kleinen Gerichten, wie Chili non Carne, CurryVurst, diversen Burgern mit hausgemachten Pattys und Dressings, gefüllte Wraps und mehr. Nebenbei kann man vegan shoppen.

Puschkinplatz 8, 07806 Neustadt
(Öffnungszeiten siehe Webseite)

Weitere Infos: www.veganfreundlich.org/679

Sperlingsberg

Crimmitschau | Das Landhotel mit eigenem Restaurant bietet vegetarische und vegane Gerichte auf einer eigenen Karte an. Das rustikale Restaurant mit dem für vegane Speisen passenden Namen „Vitaler Hirsch" lädt ein zum entspannten Verweilen in netter Runde, bei kühlem Bier, einem Schoppen Meißner Wein und Hausmannskost.

Sperlingsberg 2, 08451 Crimmitschau
Mo - Sa: 11:00 - 14:00, 17:30 - 22:00, So: 11:00 - 16:30

Weitere Infos: www.veganfreundlich.org/525

Peacefood

Chemnitz | In gemütlichem Ambiente bietet das Bistro mit Sommerterrasse täglich wechselnde Tagesangebote. Zubereitet werden Hauptspeisen, Suppen, Salat aber auch Döner und Burger sowie Kuchen, Muffins und Smoothies. Alles kann auch zum Mitnehmen eingepackt werden. Zum Kuchen werden Kaffeespezialitäten gereicht.

Würzburger Str. 33, 09130 Chemnitz
Di - Mi: 11:00 - 18:00, Do - Fr: 11:00 - 19:00, Sa: 9:00 - 12:00
Weitere Infos: www.veganfreundlich.org/645

Kopps

Berlin (Mitte) | Frisch und inspiriert durch den Tag: Dafür sorgt das Restaurant Kopps mit der frischen, gesunden, saisonalen Küche, in der sich Kräuter aus Brandenburg genauso wiederfinden, wie auch alte, neu entdeckte Gemüsesorten aus Großmutters Zeiten. Das Kopps schafft es jedesmal erneut, fleischlos den Gaumen der Gäste zu kitzeln.

Linienstr. 94, 10115 Berlin (Mitte)
Mo - Fr: 12:00 - 1:00, Sa - So: 9:30 - 2:00

Weitere Infos: www.veganfreundlich.org/224

Hans im Glück Friedrichstraße

Berlin (Mitte) | Hans im Glück besticht mit einmaligem Ambiente und aufmerksamem Service und überrascht seine Gäste mit einer vielfältigen Auswahl an Burgerkreationen. Darunter ein veganer Burger, belegt mit würzigem Weizen-Bratling, Tomate, Rauke und Sprossen. Dazu schmecken die köstlichen Fritten und die hausgemachte Orangen-Senf-Soße.

Friedrichstr. 101, 10117 Berlin (Mitte)
Mo - So: ab 11:00 - ca. 1:00* (variiert je nach Standort leicht)
Weitere Infos: www.veganfreundlich.org/690

Chay Viet

Berlin (Mitte) | Mit dem Chay Viet, einem nordvietnamesischen Restaurant in Berlin-Mitte, erfüllen sich die Inhaber einen lang ersehnten Traum. Bis auf zwei Gerichte sind alle Speisen vegan. Zudem wird hier streng darauf geachtet, dass alle Gerichte frei von Farbstoffen, Glutamaten und genmanipulierten Zutaten sind.

Brunnenstr. 164, 10119 Berlin (Mitte)
Mo - Fr: 11:30 - 22:00, Sa: 17:00 - 22:00, So: 13:00 - 22:00
Weitere Infos: www.veganfreundlich.org/245

momos

Berlin (Mitte) | momos ist ein bio-vegetarischer Dumplingladen mit überwiegend veganen Speisen, die auch als solche gekennzeichnet sind. Das komplette Angebot wird hausgemacht und aus 100 % biologischen Zutaten hergestellt. Die Teigtaschen können gedämpft, angebraten oder auch als Suppeneinlage genossen werden.

Fehrbelliner Str. 5, 10119 Berlin (Mitte)
Mo - Do: 12:00 - 19:30, Fr: 12:00 - 21:00, Sa: 13:00 - 21:00
Weitere Infos: www.veganfreundlich.org/264

MioMatto – Vegan Cuisine

Berlin (Friedrichshain) | Italienisch-vegane Küche, Pasta und Pizza, aber auch internationale Einflüsse wie die neue Tapaskultur oder die überraschenden Kreationen der Straßenküchen fließen in das Konzept vom Mio Matto ein. Das Abendmenü wechselt ständig und am Wochenende wird ein veganer Brunch angeboten.

Warschauer Str. 33 / 1.OG, 10243 Berlin (Friedrichshain)
Mo - Fr: 12:00 - 16:30 Lunch, Sa - So: 10:00 - 16:00 Brunch, Mo - So: 17:00 - 23:00 À la carte
Weitere Infos: www.veganfreundlich.org/228

goodies

Berlin (Friedrichshain) | Goodies: Der urbane Coffeeshop mit gesundem und nachhaltigem Ansatz. Alle Zutaten sind in Bio-Qualität und die daraus hergestellten Speisen vegetarisch oder vegan. In allen Filialen werden Bagels, Kuchen, Salate, Suppen sowie Smoothies angeboten. Vegane Gerichte sind auf der Menükarte gekennzeichnet.

Warschauer Str. 33, 10243 Berlin (Friedrichshain)
Mo - Sa: 8:00 - 20:00, So: 10:00 - 18:00

Weitere Infos: www.veganfreundlich.org/260

goodies

Berlin (Friedrichshain) | Goodies, der urbane Coffeeshop mit gesundem und nachhaltigem Ansatz, betreibt mittlerweile fünf Filialen in Berlin. Die hier beschriebene Filiale befindet sich direkt im Veganz, dem veganen Supermarkt. Deshalb werden hier alle Bagels, Kuchen, Salate, Suppen und Smoothies vegan zubereitet.

Warschauer Str. 69, 10243 Berlin (Friedrichshain)
Mo - Fr: 7:00 - 20:00, Sa - So: 9:00 - 20:00

Weitere Infos: www.veganfreundlich.org/261

Bistro Bardot

Berlin (Friedrichshain) | Bardot, das Bio-Restaurant, serviert delikate Speisen aus der vegetarischen Küche. Das tägliche Frühstücksbuffet bietet eine reichhaltige vegane Auswahl. An Werktagen wird in dem Restaurant ein zwei Gänge Menü zusätzlich zur vielfältigen Abendkarte zubereitet. Der Nachmittag wird mit veganen Kuchen und Eisspezialitäten versüßt.

Boxhagener Str. 83, 10245 Berlin (Friedrichshain)
Mo - So: 7:00 - 23:00

Weitere Infos: www.veganfreundlich.org/52

Goura Pakora

Berlin (Friedrichshain) | Goura Pakora ist ein veganes Restaurant und Café für hochwertige vedische Speisen, Snacks, Smoothies, Salate, Süßes und Kaffees. Alle Speisen sind frei von Essig, Knoblauch, Zwiebeln und Pilzen und enthalten statt herkömmlichen Kochsalzes ausschließlich Himalaya- oder Meersalz. Glutenfreie Speisen gibt es ebenfalls.

Krossener Str. 16, 10245 Berlin (Friedrichshain)
Di - Sa: 12:00 - 23:00, So: 12:00 - 22:30

Weitere Infos: www.veganfreundlich.org/223

Vöner

Berlin (Friedrichshain) | Was sich hier am Spieß dreht, sieht zwar aus wie echtes Fleisch, ist aber garantiert ohne Tierleid, da der Spieß aus Seitan besteht. Wie auch alle angebotenen Soßen und alle weiteren Gerichte ist der Döner hier natürlich vegan. Bestellen kann man ihn als Dönerteller oder im Fladenbrot. Außerdem gibt es Bio-Pommes.

Boxhagener Str. 56, 10245 Berlin (Friedrichshain)
Mo - So: 12:00 - 23:00

Weitere Infos: www.veganfreundlich.org/236

yoyo Foodworld

Berlin (Friedrichshain) | Lass es dir schmecken! Unter diesem Motto bietet das yoyo Foodworld leckeres Fastfood. Die riesige Auswahl an Burgern (fast 30 verschiedene Burger), die vielen kleinen Snacks, die hausgemachten Soßen - alles ist 100 % vegan. Die Zutaten werden überwiegend aus dem Umland bezogen.

Gärtnerstr. 27, 10245 Berlin (Friedrichshain)
Mo - So: 12:00 - 00:00

Weitere Infos: www.veganfreundlich.org/237

Cupcake Berlin

Berlin (Friedrichshain) | Cupcake Berlin bietet (wie der Name schon sagt) eine große Auswahl an Cupcakes, wovon viele auch als vegan deklariert sind. Zudem werden andere süße Leckereien wie Kuchen oder Brownies serviert, die teilweise auch vegan sind. Auch Kaffeespezialitäten und glutenfreie Cupcakes sind im Angebot.

Krossener Str. 12, 10245 Berlin (Friedrichshain)
Mo - So: 12:00 - 19:00

Weitere Infos: www.veganfreundlich.org/244

Der Eisbärliner

Berlin (Friedrichshain) | Die Eisdiele bietet Fruchteissorten aber auch Sojamilcheis in verschiedenen Geschmacksrichtungen an. Alle veganen Speisen sind deutlich als solche deklariert. Die veganen Waffelbecher werden selbst hergestellt. In den Wintermonaten werden warme vegane Speisen wie Milchreis oder Apfelstrudel serviert.

Gärtnerstr. 11, 10245 Berlin (Friedrichshain)
Mo - So: 10:30 - 18:30

Weitere Infos: www.veganfreundlich.org/246

Emma Pea

Berlin (Friedrichshain) | Die Speisekarte von Emma Pea: Currys mit hausgemachten Würzmischungen, Burger, Burritos, Quesadillas, Wraps, Suppen und Kuchen, ebenfalls alles hausgemacht. Auch das Brot zur Suppe wird selbst gebacken, dazu gibt es, je nach Saison, frische Salate. Alles gibt es zu erschwinglichen Preisen bis spät in die Nacht.

Revaler Str. 99, 10245 Berlin (Friedrichshain)
Di - Do: 16:00 - 4:00, Fr - Sa: 16:00 - 6:00, So: 12:00 - 4:00
Weitere Infos: www.veganfreundlich.org/247

Zeus Pide & Pizza

Berlin (Friedrichshain) | Nahezu alle Pizzen sind zusatzlich zur unveganen Variante, dank Fleischersatz und veganem Käse, auch in vegan erhältlich. Wer die Pizza lieber als Pide (längliches Fladenbrot) oder glutenfrei möchte, kann dies bei der Bestellung einfach angeben. Auch Falafel und verschiedene Salate sind im Angebot.

Boxhagenerstr. 29-30, 10245 Berlin (Friedrichshain)
Mo - Do: 12:00 - 13:30, Fr - Sa: 12:00 - 5:00, So: 12:00 - 13:30
Weitere Infos: www.veganfreundlich.org/258

Viasko

Berlin (Kreuzberg) | Das rein vegane Restaurant bezieht abhängig vom saisonalen Angebot einen Teil des Gemüses erntefrisch vom Biohof „Teltower Rübchen". Damit soll die regionale Landwirtschaft unterstützt werden. Der Hof betreibt keinerlei „Nutztierhaltung" und unterstützt das Konzept der veganen Gastronomie. Sa. & So. gibt es ab 11 Uhr einen Brunch.

Erkelenzdamm 49, 10245 Berlin (Kreuzberg)
Mi - So: ab 17:00, Sa - So: Brunch ab 11:00

Weitere Infos: www.veganfreundlich.org/51

Ohlàlà Tartes Shop

Berlin (Friedrichshain) | Das vegane Café bietet eine reichhaltige Auswahl französischer Speisen und Getränke. Wer auf leckere Quiches, Petits Fours, süße sowie herzhafte Crepes oder Tartelettes steht, ist hier im Paradies. Samstags wird ein veganer Brunch angeboten, für den man aber rechtzeitig reservieren sollte.

Mainzerstr. 18, 10247 Berlin (Friedrichshain)
Di - Fr: 12:00 - 19:00, Sa: 11:00 - 18:00, So: 14:00 - 19:00
Weitere Infos: www.veganfreundlich.org/230

Lucky Leek

Berlin (Prenzlauer Berg) | Das Lucky Leek bietet seit April 2011 vegane Speisen für gehobene Ansprüche. Die Karte wechselt täglich, um eine höchst mögliche Frische zu gewährleisten. Das Restaurant verfügt über ein großes Angebot an Weinen, sowie eines 5-Gang Menues mit optionaler Weindegustation. Eine Reservierung wird empfohlen!

Kollwitzstr. 54, 10405 Berlin (Prenzlauer Berg)
Mi - So: ab 18:00

Weitere Infos: www.veganfreundlich.org/227

Café Morgenrot

Berlin (Prenzlauer Berg) | Das Café versteht sich als offener Raum für politische und kulturelle Veranstaltungen, ein Ort, an dem sich Menschen aus unterschiedlichen, emanzipatorischen Bewegungen austauschen können. Die wechselnden Tagessuppen und Kuchen sind immer vegan. Das Buffet am Wochenende ist vegan-vegetarisch.

Kastanienallee 85, 10435 Berlin (Prenzlauer Berg)
Di - Do: 12:00 - 1:00, Fr - Sa: 11:00 - 3:00, So: 11:00 - 1:00
Weitere Infos: www.veganfreundlich.org/242

Chaostheorie

Berlin (Prenzlauer Berg) | Hauptsächlich ist die Chaostheorie eine vegane Cocktailbar mit einer großen Auswahl an Cocktails und Longdrinks. Aber auch diverse Kaffeespezialitäten, Kuchen, gefüllte, heiße Sandwiches und vegane Croissants, Milchshakes, Snacks und Smoothies lassen das Herz höher schlagen. Alles ist natürlich komplett vegan.

Lychener Str. 4, 10437 Berlin (Prenzlauer Berg)
Di - So: 11:00 - 0:00 (Winter), täglich 11:00 - 0:00 (Sommer)
Weitere Infos: www.veganfreundlich.org/187

Vego Foodworld

Berlin (Prenzlauer Berg) | Vego Foodworld ist ein vegetarisch-veganes Bio Fast-Food Restaurant mit einer riesigen Auswahl an deftigen Speisen. Von dutzenden Burgern über Pizzen, Wraps, Desserts bis hin zu einfachen Snacks oder der Currywurst ist hier alles vegan. Die angebotenen Tees sowie der Kaffee sind fair gehandelt.

Lychener Str. 63, 10437 Berlin (Prenzlauer Berg)
Mo - So: 12:00 - 22:30

Weitere Infos: www.veganfreundlich.org/234

Atti´s Espresso Café

Berlin (Prenzlauer Berg) | Das stilvoll eingerichtete Café ist rein vegetarisch, wobei die meisten Speisen und Getränke vegan sind. Die angebotenen Kaffeespezialitäten und Milchshakes können mit verschiedenen pflanzlichen Milchsorten bestellt werden. Dazu gibt es eine tolle Auswahl veganer Kuchen und Bagels.

Gleimstr. 44, 10437 Berlin (Prenzlauer Berg)
Di - Fr: 09:00 - 18:00, Sa: 10:00 - 18:00, So: 11:00 - 18:00

Weitere Infos: www.veganfreundlich.org/238

goodies

Berlin (Prenzlauer Berg) | Goodies, der urbane Coffeeshop mit gesundem und nachhaltigem Ansatz, betreibt mittlerweile fünf Filialen in Berlin. Die hier beschriebene Filiale befindet sich direkt im Veganz, dem veganen Supermarkt. Deshalb werden hier alle Bagels, Kuchen, Salate, Suppen und Smoothies vegan zubereitet.

Schivelbeiner Str. 34, 10439 Berlin (Prenzlauer Berg)
Mo - Sa: 8:00 - 20:00, So: 10:00 - 18:00

Weitere Infos: www.veganfreundlich.org/259

Lei e Lui

Berlin (Moabit) | Das Bio-Restaurant mit orientalisch-mediterranem Flair serviert vorwiegend kreative vegetarische Speisen, deren Zutaten wenn möglich regional und saisonal sind. Vegane fruchtbetonte Gemüsecremesuppen und geschmacksintensive Curry- und CousCous-Gerichte lassen den Besuch zu einem Erlebnis werden.

Wilsnacker Str. 61, 10559 Berlin (Moabit)
Mi - Sa: 17:00 - 0:00

Weitere Infos: www.veganfreundlich.org/64

Mamma Monti

Berlin (Charlottenburg) | Das Mamma Monti ist ein Restaurant mit vielen vegetarischen und veganen Speisen, die als solche auf der Karte auch gekennzeichnet sind. Auf der abwechslungsreichen Tageskarte findet man Spezialitäten wie hausgemachte Gnocchi oder Gemüse-Tofu Bolognese. Zur Zubereitung werden weitgehend Bio-Lebensmittel verwendet.

Carmerstr. 11, 10623 Berlin (Charlottenburg)
Mo - Fr: 11:00 - 23.00, Sa: 15:00 - 23.00

Weitere Infos: www.veganfreundlich.org/61

La Mano Verde

Berlin (Charlottenburg) | Das bio-vegane Gourmet-Restaurant bietet kreative Speisen in einer stilvollen Atmosphäre unweit vom Ku´damm entfernt. Auf der Menükarte finden sich zudem einige Gerichte in Rohkostqualität sowie glutenfreie Speisen. Ein großer Teil der verwendeten Zutaten kommt aus der Region und wird ökologisch angebaut.

Uhlandstr. 181-183, 10623 Berlin (Charlottenburg)
Di - Sa: 11:00 - 23:00

Weitere Infos: www.veganfreundlich.org/226

Satyam

Berlin (Charlottenburg) | Das Satyam ist seit 1989 die erste Adresse in Berlin für „satvic food", das rein vegetarische Speisevergnügen. Auch ayurvedische Speisen nach den drei Doshas sind im saisonal wechselnden Angebot. Sonntags gibt es einen beliebten Brunch für 9,50€ (all you can eat!). Fast alle Speisen können vegan zubereitet werden.

Goethestr. 5, 10623 Berlin (Charlottenburg)
Mo - So: 11:00 - 0:00

Weitere Infos: www.veganfreundlich.org/253

Vaust Braugaststätte

Berlin (Charlottenburg) | Komplett veganes Restaurant mit selbstgebrauten Bieren, veganen Weinen, hausgemachten Limonaden sowie Likören sowie kleiner saisonaler rustikaler Speisekarte mit brauhaustypisch, deftigen Gerichten. In den warmen Monaten sind weitere Plätze im Außenbereich vorhanden. Eine Reservierung wird empfohlen.

Pestalozzistr. 8, 10625 Berlin (Charlottenburg)
Di - So: 17:00 - 23:00

Weitere Infos: www.veganfreundlich.org/233

Boussi Falafel

Berlin (Schöneberg) | Das vegetarische Restaurant bietet als Hauptzutat orientalische, vegane Falafel an, die hier ausschließlich in hochwertigem Bio-Sonnenblumenöl zubereitet werden. Dazu kann man sich vom reichhaltigen Salatbuffet bedienen. Auf Wunsch kann man sich auch für eine Pitatasche aus Vollkornteig entscheiden.

Maaßenstr. 14, 10777 Berlin (Schöneberg)
So - Do: 10:00 - 0:00, Fr, Sa: 10:00 - 2:00

Weitere Infos: www.veganfreundlich.org/239

Restaurantschiff van Loon

Berlin (Kreuzberg) | Die van Loon liegt im Urbanhafen fest vor Anker. Durch die Panoramafenster hat man einen tollen Blick auf das Wasser. Aus der offenen Kombüse kommt das leckere vegane Frühstück und die saisonalen Spezialitäten, die auf der Karte als vegan deklariert sind. Ebenfalls werden vegane Waffeln und veganer „Fisch" angeboten.

Carl-Herz-Ufer, 10961 Berlin (Kreuzberg)
Mo - So: 9:00 - 1:00

Weitere Infos: www.veganfreundlich.org/655

Tanne B.

Berlin (Kreuzberg) | Tanne B. bietet vegane Waffeln und viele verschiedene Sorten Eis an, darunter auch diverse vegane Sorten auf Basis von Sojamilch. Diese sind deutlich gekennzeichnet und leicht zu finden. Mit 30 Innenplätzen und 60 Plätzen auf einer großen sonnigen Terrasse bietet der Eissalon genug Platz zum Schlemmen und Genießen.

Marheineke Platz 15, 10961 Berlin (Kreuzberg)
März - Oktober: täglich ab 11:00

Weitere Infos: www.veganfreundlich.org/659

Freckles

Berlin (Kreuzberg) | Alle Produkte, sowohl Süßes als auch Herzhaftes, sind aus rein pflanzlichen Inhaltsstoffen. Himmlische Kreationen wie Nougat- und Spekulatiuscremetorten, Zupf- & Apfel-Sahne-Kuchen sowie ein Tiramisu, das einem das Wasser im Mund zusammen laufen lässt, sind allesamt nach selbst kreierten Rezepten hausgemacht.

Nostitzstr. 33, 10965 Berlin (Kreuzberg)
Mo - So: 12:07 - 19:01

Weitere Infos: www.veganfreundlich.org/221

Glück to go

Berlin (Kreuzberg) | Lecker UND gesund? Das geht! Im „Glück to go“ wird Fast Food neu erfunden und als rundum wohltuendes Wellfood zubereitet. Angeboten werden feine proteinreiche Burger-Spezialitäten (vegan oder vegetarisch) und die leckersten Pommes der Stadt, am besten mit veganer Senf-Hollunder Mayo. Alles ist frisch und selbstgemacht.

Friesenstr. 26, 10965 Berlin (Kreuzberg)
Mo - Sa: 11:00 - 21:00, So: 12:00 - 19:00

Weitere Infos: www.veganfreundlich.org/249

no milk today

Berlin (Kreuzberg) | Der bunte, gemütliche Graefekiez erstrahlt seit Oktober 2013 in noch hellerem Glanz, denn hier hat „no milk today“ sein Eigenheim gefunden! Neben den vielen angebotenen Kaffee- und Teespezialitäten werden auch verschiedene Kuchen und herzhafte Speisen wie Bagels, Quiche oder Suppen serviert - natürlich alles vegan.

Fichtestr. 3, 10967 Berlin (Kreuzberg)
Di - So: 10:00 - 21:00

Weitere Infos: www.veganfreundlich.org/229

Café V

Berlin (Kreuzberg) | Das Café V serviert in freundlicher Atmosphäre vegetarisches und veganes Essen und ist am Lausitzer Platz seit 18 Jahren eine Institution für leckere, frische Speisen. Die Küche ist mediterran angehaucht und bietet neben den wöchentlich wechselnden Hauptgerichten auch Pizzen sowie veganes Frühstück.

Lausitzer Platz 12, 10997 Berlin (Kreuzberg)
Mo - So: 10:00 - 0:00

Weitere Infos: www.veganfreundlich.org/243

Rebellion des Zimtsterns

Berlin (Kreuzberg) | Hinter dem ausgefallenen Namen verbirgt sich ein vegetarisch-veganes Bistro mit einem täglich wechselnden Mittagsangebot, leckeren Suppen, Salatkreationen sowie weiteren Speisen. Viele Speisen sind vegan oder können vegan zubereitet werden. Auf Wunsch können die Speisen auch zum Mitnehmen eingepackt werden.

Schlesische Str. 38, 10997 Berlin (Kreuzberg)
Mo - Fr: 10:00 - 20:00, Sa - So: 12:00 - 20:00

Weitere Infos: www.veganfreundlich.org/256

ROOTZ

Berlin (Kreuzberg) | Reichhaltig belegte Bagels, saftige Burger mit hausgemachten Pommes oder eine wechselnde Tagessuppe. Das alles bekommt man im vegetarischen Bistro ROOTZ. Aber auch Naschkatzen kommen bei selbst gebackenem Cheesecake nicht zu kurz. Viele herzhafte und süße Speisen sind vegan erhältlich.

Skalitzer Str. 75, 10997 Berlin (Kreuzberg)
Di - So: 12:00 - 20:00

Weitere Infos: www.veganfreundlich.org/257

Tanne B.

Berlin (Kreuzberg) | Tanne B. bietet in zwei Filialen viele verschiedene Sorten Eis an, darunter auch diverse vegane Sorten auf Basis von Sojamilch. Diese sind deutlich gekennzeichnet und leicht zu finden. Hier bekommt man von Mitte März bis Mitte Oktober alle Eiskreationen. Die zweite Filiale (siehe weiterer Eintrag) hat durchgehend geöffnet.

Eisenbahnstr. 48, 10997 Berlin (Kreuzberg)
Mo - So: 9:00 - 21:00

Weitere Infos: www.veganfreundlich.org/658

ÇIĞKÖFTEM.com
Since 1993

Cigköflem

Berlin (Kreuzberg) | Çig köfte bedeutet „rohe Frikadellen" - mit Fleisch hat die türkische Spezialität hier aber nichts zu tun. Vielmehr wird sie aus Naturweizen, Tomatenmark, gemahlenen Chilischoten und 18 verschiedenen Gewürzen hergestellt. Im Fastfood-Restaurant-Stil wird den Gästen hier çig köfte vegetarisch, aber auch vegan serviert.

Adelbertstr. 97, 10999 Berlin (Kreuzberg)
Mo - So: 11:00 - 0:00

Weitere Infos: www.veganfreundlich.org/199

Yellow Sunshine

Berlin (Kreuzberg) | Deutschlands erstes vegetarisches Bio-Fastfood Restaurant, das Yellow Sunshine, bietet Klassiker wie Burger, Gyros oder Currywurst, nur sind die angebotenen Speisen deutlich gesünder und leckerer als das „Original". Selbstverständlich sind alle Produkte gentechnikfrei und enthalten keine künstlichen Aromen.

Wiener-Str. 19, 10999 Berlin (Kreuzberg)
Mo - Do: 12:00 - 23:00, Fr - Sa: 12:00 - 0:00, So: 12:00 - 23:00
Weitere Infos: www.veganfreundlich.org/255

Cigköftem

Berlin (Neukölln) | Çig köfte bedeutet „rohe Frikadellen" - mit Fleisch hat die türkische Spezialität hier aber nichts zu tun. Vielmehr wird sie aus Naturweizen, Tomatenmark, gemahlenen Chilischoten und 18 verschiedenen Gewürzen hergestellt. Im Fastfood-Restaurant-Stil wird den Gästen hier çig köfte vegetarisch, aber auch vegan serviert.

Karl-Max-Str. 75, 12043 Berlin (Neukölln)
Mo - So: 10:00 - 23:30

Weitere Infos: www.veganfreundlich.org/198

Café Pêle-Mêle

Berlin (Neukölln) | Das Angebot umfasst hausgemachte Kuchen und Torten, Kaffeespezialitäten und eine umfangreiche Frühstückskarte. Dazu gibt es frische Salate, Suppen und Mittagstisch sowie leckere Smoothies, Shakes, Bier und Wein. Alle Speisen und Getränke sind 100 % vegan und wenn möglich bio, fair, regional.

Innstr. 26, 12043 Berlin (Neukölln)
Mo - Sa: 10:00 - 19:00, So: 10:00 - 22:00

Weitere Infos: www.veganfreundlich.org/225

Café Tschüsch

Berlin (Neukölln) | Das TSCHÜSCH bereitet einzigartiges vegetarisches und veganes Essen zu, gekocht wird nach typisch indischer Art. Bei der Auswahl der Zutaten wird großer Wert auf Qualität und Frische gelegt. Außerdem kann man hier bei verschiedenen Kaffeespezialitäten mit pflanzlicher Milch dem Alltag entfliehen und neue Kräfte tanken.

Fuldastr. 12, 12045 Berlin (Neukölln)
Di: 12:00 - 22:00, Mi - Fr: 17:00 - 22:00, Sa - So: 15:00 - 22:00
Weitere Infos: www.veganfreundlich.org/56

Cigköftem

Berlin (Neukölln) | Çig köfte bedeutet „rohe Frikadellen" - mit Fleisch hat die türkische Spezialität hier aber nichts zu tun. Vielmehr wird sie aus Naturweizen, Tomatenmark, gemahlenen Chilischoten und 18 verschiedenen Gewürzen hergestellt. Im Fastfood-Restaurant-Stil wird den Gästen hier çig köfte vegetarisch, aber auch vegan serviert.

Hermannstr. 50, 12049 Berlin (Neukölln)
Mo - So: 11:00 - 0:00

Weitere Infos: www.veganfreundlich.org/197

Café Vux

Berlin (Neukölln) | Eine Auswahl der Spezialitäten, die täglich in dem veganen Café frisch zubereitet werden: Cookies, hausgemachte Torten, Cupcakes oder Waffeln mit heißen Früchten & Sojasahne. Mindestens einer der Kuchen ist immer auf Dinkelbasis. Sonntags gibt es einen Brunch. Die Trinkschokolade und der Kaffee sind in Bio-Qualität.

Wipperstr. 14, 12055 Berlin (Neukölln)
Mi - Sa: 12:00 - 19:00, So: 12:00 - 18:00

Weitere Infos: www.veganfreundlich.org/186

Sfizy Veg

Berlin (Neukölln) | Das Sfizy Veg ist eine vegane Pizzeria in Neukölln. Ständig im Angebot sind Pastagerichte sowie dutzende verschiedene Pizzen, die auf Wunsch auch mit Vollkornteig zubereitet werden, aber auch Burger und Desserts. Sonntags findet außerdem ein Brunch statt. Das Team setzt sich überdies stark für die Belange aller Tiere ein.

Treptower Str. 95, 12059 Berlin (Neukölln)
Mo: 17:00 - 23:00, Mi - Fr: 17:00 - 23:00, Sa - So: 15:00 - 23:00
Weitere Infos: www.veganfreundlich.org/231

Let It Be

Berlin (Neukölln) | Crêpes, grüne Smoothies, hausgemachte Salate, Sandwiches und mehr bietet die vegane Crêperie. Die Crêpes von herzhaft bis süß sind ebenso vegan, wie alle anderen Gerichte. Glutenfreie Sandwiches oder Galettes aus Buchweizenteig gibt es ebenfalls. An jedem dritten Wochenende im Monat wird ein vielfältiger Brunch angeboten.

Treptower Str. 90, 12059 Berlin (Neukölln)
Mi - Fr: 15:00 - 22:00, Sa - So: 13:00 - 22:00

Weitere Infos: www.veganfreundlich.org/254

goodies

Berlin (Steglitz) | Goodies: Der urbane Coffeeshop mit gesundem und nachhaltigem Ansatz. Alle Zutaten sind in Bio-Qualität und die daraus hergestellten Speisen vegetarisch oder vegan. In allen Filialen werden Bagels, Kuchen, Salate, Suppen sowie Smoothies angeboten. Diese Filiale befindet sich direkt im Globetrotter Store.

Schloßstr. 78-82, 12165 Berlin (Steglitz)
Mo - Fr: 10:00 - 20:00, Sa: 9:00 - 20:00

Weitere Infos: www.veganfreundlich.org/263

Cafè Rosenduft

Berlin (Lichterfelde) | Berlins erstes Bio-Café bietet ständig wechselnde Gerichte an, die gesund, lecker und vollwertig sind. Dazu Süßes, Säfte und Kaffee. Das Frühstücksangebot ist reichhaltig, sowohl süß als auch herzhaft. Besonders lecker sind die veganen Dinkelcroissants und Dinkelvollkornbrötchen von der Demeterbäckerei Vollkern.

Jungfernstieg 4b, 12207 Berlin (Lichterfelde)
Di - Sa: 10:00 - 19:00 (im Sommer abweichend)

Weitere Infos: www.veganfreundlich.org/301

Pfeffer & Salz

Berlin (Köpenick) | Das „Pfeffer & Salz" ist ein rein vegetarisches Restaurant mit großem veganen Anteil in den Zutaten. So finden sich beispielsweise Hauptgerichte wie Schnitzel oder Gulasch auf der Karte wieder. Die Räume können für private Veranstaltungen wie Hochzeiten (auch vegan) gebucht werden. Das Restaurant gehört zum Bio-Hotel „essentias".

Weiskopffstr. 16/17, 12459 Berlin (Köpenick)
Mo - So: 12:00 - 21:00

Weitere Infos: www.veganfreundlich.org/50

Falafel Dream 2010

Berlin (Wedding) | Falafel Dream 2010 ist ein Imbisswagen in direkter Nähe zur Arbeitsagentur Wedding. Neben Klassikern wie Falafel werden hier aber auch Gerichte wie veganer Halloumi oder veganer Döner verkauft. Dazu kann man aus einer Vielzahl an veganen Soßen und Salaten sowie hin und wieder neuen orientalischen Speisen wählen.

Muellerstr. 14a, 13353 Berlin (Wedding)
Mo - Fr: 11:00 - 21:00

Weitere Infos: www.veganfreundlich.org/248

Cig Köfte Evi

Berlin (Wedding) | Çig Köfte sind eigentlich rohe Hackfleischbällchen, von der allerdings auch eine vegane Variante aus Bulgur und Kartoffeln weltweit sehr verbreitet ist. Mit Salat und Fladenbrot ist es eine günstige, ideale Mahlzeit für zwischendurch. Außerdem bekommt man hier auch mit Reis gefüllte Weinblätter samt Salatbeilage.

Badstr. 37, 13357 Berlin (Wedding)
(Öffnungszeiten siehe Webseite)

Weitere Infos: www.veganfreundlich.org/200

goodies

Berlin (Zehlendorf) | Goodies: Der urbane Coffeeshop mit gesundem und nachhaltigem Ansatz. Alle Zutaten sind in Bio-Qualität und die daraus hergestellten Speisen vegetarisch oder vegan. In allen Filialen werden Bagels, Kuchen, Salate, Suppen sowie Smoothies angeboten. Vegane Gerichte sind auf der Menükarte gekennzeichnet.

Breisgauer Str. 2a, 14129 Berlin (Zehlendorf)
Mo - Fr: 8:00 - 18:00, Sa: 9:00 - 20:00, So: 9:00 - 18:00

Weitere Infos: www.veganfreundlich.org/262

good dEATs

Potsdam | Bei good dEATs (aus dem Englischen good deeds = Gute Taten) ist der Name Programm. Hier kann man nicht nur Gutes essen (und trinken!), sondern damit auch Gutes tun, denn alle Produkte, egal ob Cupcakes, feine Pralinen oder herzhafte Bagel, werden mit viel Liebe und ganz ohne tierische Zutaten hergestellt.

Kurfürstenstr. 9, 14467 Potsdam
(Öffnungszeiten siehe Webseite)

Weitere Infos: www.veganfreundlich.org/546

café KieselStein

Café Kieselstein

Potsdam | Das Café Kieselstein ist eine rein vegetarische Lokalität mit einer Auswahl an süßen und herzhaften Speisen sowie erfrischenden aber auch wärmenden Getränken. Die Rohstoffe für das gesamte Angebot sind zu 100 % biologisch gewachsen oder erzeugt worden. Der Kaffee, der Kakao und die Tees sind fair gehandelt.

Hegelallee 23, 14467 Potsdam
(Öffnungszeiten siehe Webseite)

Weitere Infos: www.veganfreundlich.org/547

MADIA

Potsdam | Das MADIA ist ein veganes Familiencafé mitten in der Potsdamer Innenstadt, gleich neben der Brandenburger Straße. Angeboten wird ein reichhaltiger Mittagstisch, fair gehandelter Kaffee und ein wechselndes Angebot an Kuchen, Smoothies, Shakes und kleinen Snacks. Kinder finden in dem kleinen Spielbereich sicher rasch Freunde.

Lindenstr. 47, 14467 Potsdam
Mo - Fr: 11:30 - 16:00

Weitere Infos: www.veganfreundlich.org/548

Filmcafé Melodie

Potsdam | Aus Kult-Kino wird Kiez-Cafe. In einer entspannten und nostalgischen Atmosphäre kann man diverse Kaffeespezialitäten, sowie selbstgebackenen Kuchen und viele andere Leckereien auch vegan genießen. Es ist immer mindestens ein Kuchen vegan, meistens jedoch mehrere. Sojamilch im Kaffee kostet 30 Cent Aufpreis.

Friedrich-Ebert-Str. 12, 14471 Potsdam
Mo - Do: 7:00 - 22:00, Fr: 7:00 - 23:00, Sa: 8:00 - 23:00, So: 8:00 - 22:00
Weitere Infos: www.veganfreundlich.org/550

SoupWorld

Potsdam | SoupWorld bietet vegane und vegetarische Suppen, Gerichte und Smoothies mit wöchentlich wechselndem Speiseplan. Kenntnisse aus der Kräuterheilkunde und die Liebe zur „Natürlichen Küche“ und den Kräutern der brandenburgischen Wald- und Wiesenlandschaft spiegeln sich in den Rezepturen der Saison wider.

Garnstr. 23, 14482 Potsdam
Mo - Fr: 11:30 - 14:30; Patrizierweg 92: Mo - Do: 11:30 - 13:30; Lindenstr. 2: Mo - Fr: 11:30 - 14:30
Weitere Infos: www.veganfreundlich.org/549

Essbar

Heringsdorf | Lange musste man suchen und sich durchfragen, um auf Usedom leckeres veganes Essen zu bekommen, aber das ist dank der Essbar vorbei. Angeboten wird eine frische, saisonale Küche, in der Produkte regionaler Anbieter mit einfließen und so stehen auch viele vegane, vegetarische und glutenfreie Gerichten auf dem Speiseplan.

Delbrückstr. 1-4, 17424 Heringsdorf
Mo - So: 10:00 - ~21:00 (Jun - Aug), Mo - Sa: 10:00 - ~19:00 (Sep - Okt), Mo -Sa: 10:00 - 18:00 (Nov - Mai)
Weitere Infos: www.veganfreundlich.org/512

Cafè Heumond

Rostock | Das Restaurant Heumond befindet sich direkt im Herzen der City in einer grünen und ruhigen Lage, die Ihresgleichen sucht. Im Sommer bietet der Heumond eine große Sommerterrasse, die bis spät zum Verweilen bei Wein, kulinarischer Vielfalt und einem Rostocker Bier einlädt. Die wenigen veganen Gerichte sind auf der Karte deklariert.

Hermann Str. 36, 18055 Rostock
Mo - Sa: 12:00 - 1:00

Weitere Infos: www.veganfreundlich.org/532

Biofrieda

Rostock | Der Laden mit Café bietet eine Vielfalt an gesunden und frischen Lebensmitteln aus der Region ganz nach unserem Motto „so natürlich wie möglich". Zudem hat man auch die Möglichkeit, sich ernährungstechnisch beraten zu lassen und in dem hauseigenen Café leckere vegane und vegetarische Speisen zu genießen.

Stampfmüllerstr. 9, 18057 Rostock
Mo - Fr: 9:00 - 19:00, Sa: 9:30 - 14:00

Weitere Infos: www.veganfreundlich.org/530

Bodega de Cervantes

Rostock | Die „Bodega de Cervantes" ist ein Tapas-Restaurant der gehobenen Klasse und hat sich seit Eröffnung im September 2006 über die Grenzen Rostocks hinaus einen Namen gemacht. Kennzeichnend dafür sind die ca. 60 Tapas-Kreationen, teilweise originale Klassiker und knapp die Hälfte davon vegetarisch und vegan deklariert.

Leonhardstr. 21 A, 18057 Rostock
Mo - Sa: ab 17:00

Weitere Infos: www.veganfreundlich.org/531

Maya - Galerie & Café

Rostock | Die Galerie mit nettem Café bietet eine neue Art, Kunst zu betrachten. Zu hochwertigem Kaffee werden Tacos angeboten. Diese bestehen aus einem Mais- oder Weizenmehlfladen, welcher mit verschiedensten mexikanischen Füllungen und mit Gemüse, als auch einer hausgemachten SALSA - für Mutige auch feurig scharf - serviert wird.

Wismarsche Str. 21, 18057 Rostock
Mo - Sa: 11:00 - 21:00

Weitere Infos: www.veganfreundlich.org/533

Holy Pizza

Rostock | Die Pizzeria bietet alle Pizzen auch mit veganer Wurst (Salami und Chorizo) und veganem Käse an. Außerdem können auch vegane Pizzabrötchen bestellt werden. Weiterhin sind Kaltgetränke, Nudelgerichte sowie Salate im Angebot. Die Pizzeria bietet auch einen Lieferdienst im Rostocker Stadtgebiet an.

Wismarsche Str. 21, 18057 Rostock
Di - So: 18:00 - 22:00

Weitere Infos: www.veganfreundlich.org/534

Vegangster

Rostock | Der gemütliche Imbiss bietet ausschließlich vegane Speisen. Von leckeren Burgern, über Vöner, selbstgemachten Pommes, bis hin zu leckeren hausgebackenen Kuchen, feinen Cupcakes und Torten. Zusätzlich gibt es wechselnde Tagesgerichte und heiße Suppen. Das Vegangster-Team freut sich auf alle Gäste.

Waldemarstr. 12, 18057 Rostock
Mo - Fr: 11:30 - 21:00, Sa - So: 14:00 - 21:00

Weitere Infos: www.veganfreundlich.org/535

Hans im Glück Binz

Binz | Hans im Glück besticht mit einmaligem Ambiente und aufmerksamem Service und überrascht seine Gäste mit einer vielfältigen Auswahl an Burgerkreationen. Darunter ein veganer Burger, belegt mit würzigem Weizen-Bratling, Tomate, Rauke und Sprossen. Dazu schmecken die köstlichen Fritten und die hausgemachte Orangen-Senf-Soße.

Strandpromenade 23, 18609 Binz
Mo - So: ab 11:00 - ca. 1:00* (variiert je nach Standort leicht)
Weitere Infos: www.veganfreundlich.org/98

Season

Hamburg | Auf der Speisekarte der drei Season Filialen sind vegane und vegetarische Gerichte als solche gekennzeichnet. Das Buffet hingegen ist sogar komplett vegetarisch. Alle Zutaten werden ausschließlich aus der Region bezogen. Alle Speisen können auch mitgenommen werden. Diese Filale befindet sich im Bucerius Kunst Forum.

Rathausmarkt 2, 20095 Hamburg
Fr - Mi: 11:00 - 19:00, Do: 11:00 - 21:00

Weitere Infos: www.veganfreundlich.org/48

Season

Hamburg | Auf der Speisekarte der drei Season Filialen sind vegane und vegetarische Gerichte als solche gekennzeichnet. Das Buffet hingegen ist sogar komplett vegetarisch. Alle Zutaten werden ausschließlich aus der Region bezogen. Alle Speisen können auch mitgenommen werden. Diese Filale befindet sich in der Schauenburger Straße.

Schauenburger Str. 49, 20095 Hamburg
Mo - Sa: 11:00 - 18:00

Weitere Infos: www.veganfreundlich.org/49

Boussi Falafel

Hamburg | Angeboten werden vegane Falafel, die hier in hochwertigem Bio-Sonnenblumenöl zubereitet werden. Dazu kann man sich vom reichhaltigen Salatbuffet bedienen. Auf Wunsch kann man sich auch für eine Pitatasche aus Vollkornteig entscheiden. Die Sesamsoße ist ebenfalls vegan. Diese Filiale befindet sich in der Europa-Passage.

Ballindamm 40, 20095 Hamburg
Mo - Sa: 10:00 - 21:00

Weitere Infos: www.veganfreundlich.org/241

Café Koppel

Hamburg | Präsentiert wird ein ausschließlich vegetarisches Angebot. Zusätzlich bemüht sich das Café, eine Auswahl an veganen Speisen anzubieten. Der Großteil der verarbeiteten Zutaten trägt das Biosiegel und viele Zutaten sind zudem noch hausgemacht. Darüber hinaus achtet das Team auf saisonale und regionale Angebote.

Lange Reihe 75, 20099 Hamburg
Mo - So: 10:00 - 23:00

Weitere Infos: www.veganfreundlich.org/144

lohascoffee

Hamburg | lohascoffee bietet Kaffeevariationen und Teespezialitäten aus aller Welt - in Bioqualität! Natürlich wird das Getränkeangebot mit leckeren Gebäck- und Vollwert-Snacks abgerundet. Alles auf Basis vitalstoffreicher Vollwertkost, also weitestgehend zuckerfrei und vegetarisch! Viele der Speisen sind zudem auch für Veganer geeignet.

Lange Reihe 25, 20099 Hamburg
Mo - Fr: 8:00 - 19:00, Sa - So: 10:00 - 19:00

Weitere Infos: www.veganfreundlich.org/145

Komagene

Hamburg | Die weltweite Gastronomiekette mit mehr als 500 Filialen alleine in der Türkei und mittlerweile knapp ein Dutzend Filialen in Deutschland bietet rein vegane „Chee Köfte" an. Diese beliebten Bällchen bestehen u. a. aus Bulgur und werden kalt mit Salat und Tomaten in einem Wrap serviert. Wer gerne scharf isst, wird hier fündig.

Böckmannstr. 26, 20099 Hamburg
Mo - Do: 11:00 - 22:00, Fr - Sa: 11:00 - 0:00, So: 12:00 - 22:00
Weitere Infos: www.veganfreundlich.org/161

Fairy Food

Hamburg | Im Fairy Food findet man die bunte Vielfalt der veganen und rohköstlichen Gourmetküche sowie Frühstück. Dabei wird darauf geachtet, saisonal zu kochen und die Hauptmenüs ständig zu variieren. Die Produkte stammen alle aus eigener Herstellung und sind vorwiegend aus biologischem und regionalem Anbau.

Lange Reihe 47, 20099 Hamburg
Mo - Sa: 10:00 - 18:00

Weitere Infos: www.veganfreundlich.org/250

gopalam

Hamburg | Die Speisekarte ist für Neulinge der indischen Küche ein toller Einstieg und für Kenner ein Paradies. Als Fleischersatz werden Seitan und Tofu verwendet. Die Karte enthält bereits von Hause aus einige vegane Gerichte, auf Nachfrage kann vieles aber vegan hergestellt werden. Das Restaurant existiert schon seit über 10 Jahren in Hamburg.

Grindelallee 159, 20146 Hamburg
Mo - Fr: 11:00 - 22:00, Sa - So: 12:00 - 22:00

Weitere Infos: www.veganfreundlich.org/54

La Monella

Hamburg | Im La Monella, dem ersten italienisch-vegetarischen Restaurant in Hamburg werden täglich neben der Karte mit „klassisch“ italienischen Gerichten auch ausgesuchte, saisonale Speisen mit frischen Zutaten angeboten. Wer süditalienische Gerichte liebt, wird nicht enttäuscht. Viele Gerichte sind vegan oder „veganisierbar“.

Hallerplatz 12, 20146 Hamburg
Mo - Fr: 12:00 - 15:00, 18:00 - 23:00, Sa: 18:00 - 23:00

Weitere Infos: www.veganfreundlich.org/134

Golden Temple Teehaus

Hamburg | Alle Zutaten der Speisen und Getränke sind aus kontrolliert biologischem Anbau und zum großen Teil nach yogisch-ayurvedischen Prinzipien ausgewählt und zubereitet. Sowohl Frühstück als auch Hauptspeisen wie Quiche, Currys, Salate oder Suppen gibt es auch in vegan. Zudem werden auch grüne Smoothies serviert.

Grindelallee 26, 20146 Hamburg
Mo - Sa: 9:00 - 21:30, So: 10:00 - 20:30

Weitere Infos: www.veganfreundlich.org/135

Restaurant Manu

Hamburg | Das vegetarisch-vegane Restaurant bietet Spezialitäten der italienischen und indischen Küche. Viele der Gerichte sind vegan (dies ist auf der Karte auch vermerkt), aber fast alle sind auch „veganisierbar“. Es gibt beispielsweise vegane Pizza mit Wilmersburger und Soja-Salami, Pasta oder indische Gerichte mit Tofu.

Grindelallee 148, 20146 Hamburg
Mo - Sa: 11:30 - 22:30

Weitere Infos: www.veganfreundlich.org/136

Tassajara

Hamburg | Vor allem für vegan lebende Menschen ist das vegetarische Restaurant mit europäisch-asiatischer Küche ein Highlight, da es auch eine riesige Auswahl an veganen Gerichten bietet. Die Speisekarte liest sich fast wie ein Traum. Selbst hergestellte Torten, vegan und gebacken mit Buchweizenmehl, werden ebenfalls angeboten.

Eppendorfer Landstr. 4, 20249 Hamburg
Mo - Sa: 11:30 - 0:00

Weitere Infos: www.veganfreundlich.org/72

Dear Matsu

Hamburg | Dear Matsu serviert und verkauft über 60 Sorten Tee sowie Teekannen, -schalen, -tassen, Matchazubehör und alles was man zum Teetrinken benötigt. Täglich gibt es ein wechselndes Tagesgericht, eine andere Suppe und Kuchen. Alle angebotenen Speisen sind vegan und können vor Ort verzehrt oder mitgenommen werden.

Erikastr. 47, 20251 Hamburg
Mo - Fr: 9:00 - 19:00, Sa: 9:00 - 17:00

Weitere Infos: www.veganfreundlich.org/125

QRITO

Hamburg | QRITO - Fresh Californian Cooking steht für die Vereinigung aus mexikanischen Köstlichkeiten und entspannter kalifornischer Lebensfreude. Frisch gerollte Burritos, leckere Tacos und feurige Salsas und das Beste: Die meisten Gerichte können auch vegan (zum Beispiel mit Tofu und Guacamole) zubereitet werden.

Osterstr. 165, 20255 Hamburg
Mo - Sa: 11:30 - 23:00, So: 12:00 - 22:00

Weitere Infos: www.veganfreundlich.org/123

happenpappen

Hamburg | Das Happenpappen bietet jeden Tag ein neues veganes Mittagessen, frische Suppe, glutenfreie Quiche, verschiedene Kuchen und Torten. Am Wochenende liegt der Fokus auf Frühstück und Snacks. Abends gibt es eine Vielzahl verschiedener veganer Kochabende. Alle Gerichte werden liebevoll und selbstverständlich frisch zubereitet.

Lappenbergsallee 41, 20257 Hamburg
Mo - So: 11:00 - 17:00

Weitere Infos: www.veganfreundlich.org/124

BioKonditorei Eichel

Hamburg | Die Bäckerei bietet eine Vielzahl veganer Torten an. Dabei werden ausschließlich Rohstoffe aus kontrolliert biologischem Anbau verwendet und frische regionale Produkte aus der Saison bevorzugt. Für die veganen Torten wird überwiegend Dinkelvollkornmehl verwendet. Gesüßt werden sie meist mit Agavendicksaft.

Osterstr. 15, 20259 Hamburg
Di - So: 10:00 - 19:00

Weitere Infos: www.veganfreundlich.org/119

Olsen

Hamburg | Im OLSEN werden neben einer täglich wechselnden Tafelkarte zwei kreativ-bodenständige Menüs angeboten, die monatlich neu kreiert werden. Ole Plogstedt setzt mit seiner erstklassigen Crew auf möglichst regionale, nachhaltige Produkte. Rund die Hälfte des Speiseangebotes ist vegetarisch und auf Anfrage vegan.

Bellealliancestr. 45, 20259 Hamburg
Di - Sa: 18:00 - 23:00

Weitere Infos: www.veganfreundlich.org/121

Fröhlicher Reisball

Hamburg | Neben dem veganen Mittagstisch, der montags bis freitags angeboten wird, findet man Informationen über Makrobiotik und die vegane Ernährung. Makrobiotik-Produkte und selbstgemachte vegane Snacks können ebenfalls direkt eingekauft werden. Zudem kann man an Kochkursen und Vorträgen teilnehmen.

Schulweg 22, 20259 Hamburg
Mo - Fr: 11:00 - 18:00, Sa: 11:00 - 15:00

Weitere Infos: www.veganfreundlich.org/122

Loving Hut

Hamburg | Loving Hut ist eine internationale Gastronomiekette, die Speisen aus der asiatischen Küche anbietet. Alle Gerichte werden auf rein pflanzlicher Basis (vegan) liebevoll zubereitet und in einer schönen, freundlichen und ruhigen Atmosphäre serviert. Neben den herzhaften Gerichten wird auch eine hausgemachte vietnamesische Limonade serviert.

Markusstr. 2, 20355 Hamburg
Mo - Fr: 11:30 - 15:00, 17:30 - 21:00, Sa: 17:30 - 22:00

Weitere Infos: www.veganfreundlich.org/129

Zum Spätzle

Hamburg | Von frisch gehobelten Käs` spätzle, bis hin zu belegten Seelen (selbstgebackenes Brot) und das auch noch größtenteils aus biologisch-dynamischer, nachhaltiger Landwirtschaft bekommt man auf Wunsch alles auch in vegan. Selbst vegane und vegetarische Würste können auf Wunsch zubereitet werden.

Wexstr. 31, 20355 Hamburg
Mo - Fr: 11:30 - 15:00, 18:00 - 22:00, Sa: 11:30 - 22:00

Weitere Infos: www.veganfreundlich.org/132

Season im Haus des Sports

Hamburg | Auf der Speisekarte der drei Season Filialen sind vegane und vegetarische Gerichte als solche gekennzeichnet. Das Buffet hingegen ist sogar komplett vegetarisch. Alle Zutaten werden ausschließlich aus der Region bezogen. Alle Speisen können auch mitgenommen werden. Diese Filale befindet sich im Haus des Sports.

Schäferkampsallee 1, 20357 Hamburg
Mo - Sa: 7:00 - 22:00, So: 10.00 - 22.00

Weitere Infos: www.veganfreundlich.org/47

hin & veg!

Hamburg | Das „hin & veg!" ist ein schlichtes Fastfood-Restaurant, das ausschließlich vegetarische und vegane Speisen anbietet. Im Sommer kann man auch vor der Tür oder im Biergarten essen. Auf der Speisekarte findet man zwar Fastfood-Klassiker wie Currywurst, Pommes, Burger oder Döner, jedoch auch einige indische Gerichte.

Schulterblatt 16, 20357 Hamburg
Mo - Do: 11:30 - 22:30, Fr - Sa: 11:30 - 0:00, So: 12:30 - 22:00
Weitere Infos: www.veganfreundlich.org/137

Feldstern

Hamburg | Nette Kneipe mit einer kleinen Auswahl vegetarischer und veganer Gerichte auf der wechselnden Wochenkarte. Angeboten werden beispielsweise Soja-Rouladen oder Gulasch. Sonntags gibt es hier einen Brunch, bei dem ebenfalls vegane Optionen vorhanden sind. Das Restaurant ist zudem rollstuhlgerecht eingerichtet.

Sternstr. 2, 20357 Hamburg
Mo - Do: 12:00 - 1:00, Fr: 12:00 - 3:00, Sa: 9:00 - 3:00, So: 10:00 - 1:00
Weitere Infos: www.veganfreundlich.org/138

Falafelstern

Hamburg | Ob Falafel-Sandwich, frittiertes Gemüse oder der täglich wechselnde Mittagstisch - alle Spezialitäten werden aus guten Zutaten frisch zubereitet. Die vegetarische Speisekarte bietet derzeit knapp ein Dutzend Gerichte, die alle auch vegan zubereitet werden können. Alle Speisen gibt es auch zum Mitnehmen.

Schanzenstr. 111, 20357 Hamburg
So - Do: 11:00 - 0:00, Fr - Sa: 11:00 - 2:00
Weitere Infos: www.veganfreundlich.org/139

Die Eisbande

Hamburg | Kleine Eisdiele in der Schanze, die auch leckeres, nach eigenem Rezept hergestelltes, veganes Sojaeis und Sahne anbietet. Das Eis wird vor Ort frisch und ohne künstliche Aromen hergestellt. Keine langen Lieferwege, keine Fabrikware. Die Sojamilch für die Herstellung des Sojaeis ist selbstverständlich Bio und nicht genmanipuliert.

Bartelsstr. 1, 20357 Hamburg
ab Mittags
Weitere Infos: www.veganfreundlich.org/141

Schanzenstern

Hamburg | Im Bio Restaurant Schanzenstern werden aus regional und saisonal ausgewählten besten Bio-Zutaten leckere vegetarische und vegane Gerichte zubereitet. Gemütliche Atmosphäre, von Frühjahr bis Herbst auch draußen im ruhigen Innenhof. Von 12 bis 16 Uhr gibt es im Schanzenstern Mittagstischgerichte mit Salat für 7,40 Euro.

Bartelsstr. 12, 20357 Hamburg
Mo: 15:00 - 0:00, Di - Do: 7:30 - 0:00, Fr - Sa: 7:30 - 1:00, So 11:00 - 0:00
Weitere Infos: www.veganfreundlich.org/142

Mangold

Hamburg | Das Restaurant mit bodenständiger internationaler Küche bietet täglich wechselnden Mittagstisch, sowie Frühstück und eine Standardkarte. Alle veganen und vegetarischen Gerichte sind gekennzeichnet. Vegane Gerichte beruhen hier nicht nur auf das Weglassen von tierischen Zutaten, sondern sind eigenständige vollwertige Speisen.

Ölmühle 30, 20357 Hamburg
Mo - Fr: 11:30 - 1:00, Sa - So: 10:00 - 1:00

Weitere Infos: www.veganfreundlich.org/151

Azeitona

Hamburg | Das Restaurant Azeitona befindet sich in der Sternschanze und bietet neben klassischen veganen Falafeln auch eine Reihe weiterer orientalischer Speisen, die auf Wunsch vegan zubereitet werden können, auch wenn die Speisekarte sonst eher auf vegetarische Gerichte ausgerichtet ist. Als Vorspeise wird Antipasti gereicht.

Beckstr. 17-19, 20357 Hamburg
So - Do: 12:00 - 23:00, Fr - Sa: 12:00 bis open end

Weitere Infos: www.veganfreundlich.org/251

Hans im Glück Hamburg

Hamburg | Hans im Glück besticht mit einmaligem Ambiente und aufmerksamem Service und überrascht seine Gäste mit einer vielfältigen Auswahl an Burgerkreationen. Darunter ein veganer Burger, belegt mit würzigem Weizen-Bratling, Tomate, Rauke und Sprossen. Dazu schmecken die köstlichen Fritten und die hausgemachte Orangen-Senf-Soße.

Schäferkampsallee 1, 20357 Hamburg
Mo - So: ab 11:00 - ca. 1:00* (variiert je nach Standort leicht)
Weitere Infos: www.veganfreundlich.org/693

Befried

Hamburg | Der vegane Imbiss Befried bietet klassische Imbissgerichte wie Burger, Döner, Currywurst und Schnitzel an. Pizza und ein wechselnder Mittagstisch runden das Angebot ab. Beliebte Spezialitäten sind die frittierten Schokoriegel oder Marshmallows. Alles wohlgemerkt rein vegan! Es stehen ca. 30 Sitzplätze zur Verfügung.

Friedrichstr. 3, 20359 Hamburg
Di - Do: 15:00 - 21:00, Fr - Sa: 15:00 - 23:00, So: 14:00 - 20:00
Weitere Infos: www.veganfreundlich.org/131

Backbord

Hamburg | Das direkt in St. Pauli liegende Restaurant Backbord bietet leckere vegane Speisen vom Fastfoodklassiker Currywurst über gesunde Gerichte wie Sellerieschnitzel bis hin zu den wechselnden Tagesgerichten. Aufgrund der Lage gehört es fast zum guten Ton, dass hier alle Spiele des FC Sankt Pauli angeschaut werden können.

Clemens-Schultz-Str. 18, 20359 Hamburg
Mo - Do: 16:00 - 1:00, Fr - So: 11:30 - 1:00

Weitere Infos: www.veganfreundlich.org/146

Café Miller

Hamburg | Das gemütliche Frühstückscafé zwischen Kiez und Millerntor bietet u. a. ein reichhaltiges veganes Frühstück mit Aufschnitt, Käse und Aufstrichen. Weiterhin bekommt man täglich Snacks und Kuchen - natürlich ebenfalls vegetarisch und vegan. An Fussballabenden verwandelt sich das Café in eine gesellige Kneipe.

Detlev-Bremer-Str. 16, 20359 Hamburg
Mo - Do: 9:00 - 0:00, Fr - Sa: 9:00 - 3:00, So: 9:00 - 0:00

Weitere Infos: www.veganfreundlich.org/147

KANDIE SHOP

Hamburg | Kaffee, Kuchen, Süßigkeiten, aber auch herzhafte Speisen wie Bagels - das alles bekommt man (teilweise auch in vegan) im KANDIE SHOP. Neben den angebotenen veganen Bagels gibt es in der Woche auch veganen Mittagstisch. Die Kaffees können auch mit pflanzlichen Milchalternativen bestellt werden. Auch frische Säfte werden serviert.

Wohlwillstr. 16, 20359 Hamburg
Mo - Fr: 8:00 - 19:00, Sa: 9:00 - 19:00, So: 10:00 - 19:00

Weitere Infos: www.veganfreundlich.org/148

Kombüse

KOMBÜSE

Hamburg | Kleines uriges Restaurant mit mexikanischer Küche im Herzen von St. Pauli. Angeboten werden typische Klassiker wie Burritos, also lecker gefüllte Tortilla-Fladen, die natürlich auch in vegan bestellt werden können. Dazu gibt es beispielsweise Guacamole. Insgesamt ein perfekter Ort um das Wochenende einzuläuten.

Bernhard-Nocht-Str. 51, 20359 Hamburg
Mo - So: 16:00 - 23:00

Weitere Infos: www.veganfreundlich.org/149

Kuchnia

Hamburg | Die Kuchnia ist ein Restaurant mit osteuropäischer Küche und Bar. Auf der Speisekarte findet man einige vegetarische und vegane Gerichte unter den Suppen und Salaten, aber auch Spezialitäten wie Pierogi mit Pilzfüllung gibt es in vegan. Dazu wird tschechisches Pils vom Fass oder polnisches Lagerbier serviert.

Talstr. 87, 20359 Hamburg
Mo - Fr: ab 17:00, Sa - So: ab 16:00

Weitere Infos: www.veganfreundlich.org/150

Pauline

Hamburg | Gesundes und abwechslungsreiches Essen, die Liebe zu den Produkten und eine hand- und hausgemachte Zubereitung mit regionalem und saisonalem Bezug machen das Essen in der PAULINE besonders. Für Veganer und Vegetarier gibt es hier auch wechselnde Mittagsgerichte, veganes Frühstück, Suppen, Tees und Säfte.

Neuer Pferdemarkt 3, 20359 Hamburg
Mo, Mi: 08:30 - 18:00, Do, Sa: 08:30 - 23:00, So: 10:00 - 17:30
Weitere Infos: www.veganfreundlich.org/152

Saints & Sinners

Hamburg | Saints & Sinners ist Sankt Paulis Adresse für kulinarische Sinnesfreuden und unbedenklichen Genuss. Klassische mexikanische Speisen werden hier „veganisiert" und mit Seitan als Fleischersatz angeboten. Selbst Vorspeisen, Burger und Desserts können hier vegan bestellt werden. Die Zutaten werden wenn möglich regional bezogen.

Talstr. 29, 20359 Hamburg
Mo - Fr: 12:00 - 15:00, 18:00 - 23:00, Sa - So: 18:00 - 23:00
Weitere Infos: www.veganfreundlich.org/154

SlimJims

Hamburg | SlimJims bietet extravagante und exquisite Pizzen an, die man so sicher noch nirgends bekommen hat. Auch wenn jeder Italiener bei Feigencreme mit Rosmarin, Fenchel mit Blutorangen oder Chili-Hibiskuscreme auf Pizzen die Hände über dem Kopf zusammenschlagen würde, die veganen Pizzen sollte jeder einmal probiert haben.

Bei der Schilleroper 1-3, 20359 Hamburg
Mo - Fr: 12:00 - 22:00, Sa - So: 13:00 - 22:00

Weitere Infos: www.veganfreundlich.org/304

Unser Haus e.V.

Hamburg | „Unser Haus e. V." betreibt seit über 30 Jahren ein selbstverwaltetes, unkommerzielles Jugendzentrum, das auf 400m² Jugendlichen Freiräume zur selbstbestimmten Entfaltung bietet. Öffentlicher Anlaufpunkt des Hauses ist das vereinseigene Café, in dem täglich veganes Essen mit biologischen Produkten aus der Region angeboten wird.

Wentorfer Str. 26, 21029 Hamburg
Mo, Mi, Do: 17:00 - 0:00, Fr - Sa: 17:00 - 2:00, So: 14:00 - 22:00
Weitere Infos: www.veganfreundlich.org/118

Cigköftem

Hamburg | Çig köfte bedeutet rohe Frikadellen - mit Fleisch hat die türkische Spezialität hier aber nichts zu tun. Vielmehr wird sie aus Naturweizen, Tomatenmark, gemahlenen Chilischoten und 18 verschiedenen Gewürzen hergestellt. Im Fastfood-Restaurant-Stil wird den Gästen hier çig köfte vegetarisch, aber auch vegan serviert.

Sand 11-13, 21073 Hamburg
Mo - Do: 10:00 - 22:00, Fr: 10:00 - 0:00, Sa: 12:00 - 0:00, So: 13:00 - 22:00
Weitere Infos: www.veganfreundlich.org/126

Hof Quellen

Wistedt | In den sonnigen, romantischen Räumen und in dem idylischen Garten können köstlichen vegetarische und vegane Speisen genossen werden. Vegane Speisen sind beispielsweise der Apfelkuchen mit Mandelcreme oder gefüllte Vollkornpfannkuchen. Die Inhaberin lebt selbst seit über 20 Jahren vegetarisch.

Quellen 2, 21255 Wistedt
Do -So: 10:00 - 18:00

Weitere Infos: www.veganfreundlich.org/586

Naturium Egestorf

Egestorf | Im Naturium auf dem Gelände des Barfußparks und des Naturschwimmbades Aquadies befindet sich u. a. ein Café und ein Imbiss. Sowohl beim Eis, dem Milchkaffee, den Torten, den Süßigkeiten und am Imbiss gibt es vegane Alternativen. Für angemeldete Gruppen werden weitere vegane Gerichte und ein veganes Brunch-Buffet angeboten.

Ahornweg 7, 21272 Egestorf
bis Mitte Sep. täglich 9:00 - 18:00

Weitere Infos: www.veganfreundlich.org/554

Pons

Lüneburg | Auch wenn man es ihr nicht ansieht, aber Pons ist die älteste Kneipe Lüneburgs. Mit einer Vielzahl an vegetarischen und veganen Speisen sowie Fairtrade-Kaffee lässt sich hier gut die Zeit vertreiben, denn was gibt es Schöneres, als bei schönem Wetter direkt am Wasser zu sitzen und dem Treiben am Stintmarkt zuzusehen?

Salzstr. am Wasser 1, 21335 Lüneburg
Mo - So: ab 13:00

Weitere Infos: www.veganfreundlich.org/578

Jim Curry

Lüneburg | „Die Pommesbude", dieser Schriftzug ziert das Eingangsschild zum Jim Curry, was jedoch stark untertrieben ist, denn Jim Curry ist DER Kult-Imbiss in Lüneburg mit immer mehr veganen Optionen, die auch oft variieren. Ständig im Angebot ist jedoch die leckere vegane Currywurst, die in verschiedenen Schärfegraden erhältlich ist.

Am Berge 51, 21335 Lüneburg
Mo - Do: 11:30 - 0:00, Fr - Sa: 11:30 - 5:00, So: 11:30 - 0:00
Weitere Infos: www.veganfreundlich.org/579

ZugSpitze

Lauenburg | Im Restaurant ZugSpitze werden seit Dezember 2012 aus Liebe zu den Gästen und den Tieren ausschließlich vegane Speisen serviert. Dafür lässt sich die Chefköchin für jedes Wochenende andere Kreationen einfallen und schenkt den Speisen schon bei deren Zubereitung ganz viel Liebe. Von herzhaft bis süß ist alles im Programm.

Bahnhof 1, 21481 Lauenburg
Fr: 18:00 - 21.00, Sa: 12:00 - 21:00, So: 12:00 - 20:00

Weitere Infos: www.veganfreundlich.org/590

Ohari

Hamburg | Das Ohari ist ein indisches Spezialitäten-Restaurant mit einer umfangreichen, rein vegetarischen Auswahl aus der indischen Küche. Durch die originale Zubereitung der Gerichte ist es nicht nur bei den Indern ein absoluter Gourmet-Tipp in Hamburg. Viele Speisen sind bereits vegan oder können vegan zubereitet werden.

Landwehr 63, 22087 Hamburg
Di - So: 11:30 - 15:00, 17:00 - 23:00

Weitere Infos: www.veganfreundlich.org/127

LEAF

Hamburg | Essen im LEAF ist ein kulinarisches Erlebnis der besonderen Art. Dem Gast wird ein anspruchsvolles und wechselndes Angebot zur Auswahl gestellt. Neben den kreativen Hauptgerichten wird ein vielseitiges Angebot an Desserts, Gebäck und Torten geführt. Kaffee und Tee stammen aus biologischer und fairer Produktion.

Eulenstr. 38, 22765 Hamburg
Di - Fr: 17:00 - 22:00, Sa - So: 15:00 - 22:00

Weitere Infos: www.veganfreundlich.org/133

Boussi Falafel

Hamburg | Das vegetarische Restaurant bietet als Hauptzutat vegane Falafel an, die in hochwertigem Bio Sonnenblumenöl zubereitet werden. Dazu kann man sich vom reichhaltigen Salatbuffet bedienen. Auf Wunsch kann man sich auch für eine Pitatasche aus Vollkornteig entscheiden. Diese Filiale befindet sich im Mercado EKZ Altona.

Ottenser Hauptstr. 10, 22765 Hamburg
Mo - Sa: 10:00 - 21:00

Weitere Infos: www.veganfreundlich.org/240

Liberty Eiscafé und Bistro

Hamburg | Im Liberty gibt es hausgemachtes Eis, Kuchen, Suppen und Salate. Die Besonderheit: Alle Speisen und Getränke sind ohne tierische Inhaltsstoffe, also vegan. Wer etwas Herzhaftes sucht, findet Sandwiches und Hotdogs im Angebot. Samstags und sonntags wird außerdem ein üppiges Frühstück von 10 bis 15 Uhr serviert.

Fischmarkt 11, 22767 Hamburg
Di - Fr: 12:00 - 18:00, Sa - So: 10:00 - 19:00

Weitere Infos: www.veganfreundlich.org/116

Saltkråkan

Hamburg | In dem Café bekommt der Gast typisch skandinavische Mehlspeisen sowie feine Süßwaren, einen wechselnden Mittagstisch, leckeres Frühstück und skandinavische Accessoires aus den nordischen Ländern. Viele der angebotenen Speisen (zum Beispiel auch das Frühstück) sind vegetarisch oder vegan.

Große Bergstr. 191, 22767 Hamburg
Mo - Fr: 9:00 - 18:30, Sa: 9:30 - 18:30, So: 10:00 - 18:00

Weitere Infos: www.veganfreundlich.org/117

Beim Kränzchen

Hamburg | Ob einen leckeren Latte Macchiato in der Frühlingssonne oder hausgemachte vegane Kuchen und Cupcakes sowie Kaffee aus eigener Kaffeemischung - in dem gemütlichen Café wird jeder Appetit gestillt. Dazu gibt es verschiedene Speisen, teilweise auch vegan. Das alles, sowie das kostenlose WLAN laden zum Verweilen ein.

Paul-Roosen-Str. 41, 22767 Hamburg
Mo - Fr: 8:30 - 22:00, Sa: 10:00 - 22:00, So: 9:30 - 18:00

Weitere Infos: www.veganfreundlich.org/153

Liebes Bisschen

Hamburg | Ein Kleinod für Naschkatzen am Rande der Hamburger Schanze, einem der Szeneviertel der Stadt. Selbstverständlich sind alle Produkte des Hauses selbstgemacht und mit den besten Zutaten zubereitet. Spezialisiert hat sich das Liebes Bisschen vor allem auf die Herstellung von fantastischen Cupcakes, teilweise auch vegan.

Eifflerstr. 47, 22769 Hamburg
Di - So: 12:00 - 19:00

Weitere Infos: www.veganfreundlich.org/140

Mamalicious

Hamburg | Das vegetarische Bistro bietet viele Frühstücksoptionen wie beispielsweise Pancakes und Kuchen auch in vegan an. Weiterhin werden herzhafte Speisen wie Salate und Burger (mehrere verschiedene Veggie-Burger, darunter auch vegane) serviert. Viele Zutaten sind in Bio-Qualität und der Kaffee ist fairtrade.

Max-Brauer-Allee 277, 22769 Hamburg
Di: 9:00 - 18:00, Mi, Fr: 9:00 - 19:00, Do: 9:00 - 22:00, Sa: 10:00 - 23:00, So: 10:00 - 19:00
Weitere Infos: www.veganfreundlich.org/143

Hans im Glück Altstadt

Lübeck | Hans im Glück besticht mit einmaligem Ambiente und aufmerksamem Service und überrascht seine Gäste mit einer vielfältigen Auswahl an Burgerkreationen. Darunter ein veganer Burger, belegt mit würzigem Weizen-Bratling, Tomate, Rauke und Sprossen. Dazu schmecken die köstlichen Fritten und die hausgemachte Orangen-Senf-Soße.

Breite Str. 1-5, 23552 Lübeck
Mo - So: ab 11:00 - ca. 1:00* (variiert je nach Standort leicht)
Weitere Infos: www.veganfreundlich.org/102

Café Affenbrot

Lübeck | Das Cafe bietet ausschließlich vegetarische und vegane Kost, einen täglichen Mittagstisch, fair gehandelten Kaffee sowie Frühstück. Der lichtdurchflutete Wintergarten, verbunden mit der behaglichen Gemütlichkeit, lädt jeden Gast zum Verweilen inmitten vieler Grünpflanzen ein. In den warmen Monaten ist der Biergarten geöffnet.

Kanalstr. 70, 23552 Lübeck
Mo - Sa: 9:00 - 23:00, So: 9:00 - 22:00

Weitere Infos: www.veganfreundlich.org/580

Mmhio

Kiel | Mmhio ist in Kiel die erste Kantine mit Bio-Zertifikat. Alle Gerichte werden frisch und aus 100 % Bio-Zutaten zubereitet. Ziel ist es, einen täglich wechselnden Mittagstisch anzubieten, der vor allem gesund und dazu auch noch günstig ist. Darüber hinaus ist alles (auch die Curry-Wurst) vegetarisch und vieles vegan.

Knooper Weg 75, 24116 Kiel
Mo - Fr: 11:30 - 14:30

Weitere Infos: www.veganfreundlich.org/604

Kitty Rock Belly Full

Kiel | Jetzt ist Schluss mit Burgern von der Stange - Geschmack ist angesagt! Mit selbst gemachten veganen Patties, knackigem Gemüse, leckeren hausgemachten Saucen und einer ordentlichen Portion Liebe werden die frisch gebackenen Hamburger Brötchen kreiert. Selbst gemachte Falafel mit Hummus und frisch gebackene vegane Kuchen gibt es auch.

Gutenbergstr. 66, 24118 Kiel
Küche geöffnet: Mo - Do: 17:00 - 22:00, Fr - Sa: 17:00 - 23:00
Weitere Infos: www.veganfreundlich.org/606

Safran

Oldenburg | Wer Salate, Nudelgerichte und türkische Speisen mag, wird in dem kleinen Imbiss „Safran“ fündig. Salat kann hier in Selbstbedienung zusammengestellt werden, dazu findet man auf der Karte alle veganen Gerichte von Ratatouille über Pasta bis hin zu Dürüm mit veganem Zaziki duch ein Symbol gekennzeichnet.

Mottenstr. 19, 26122 Oldenburg
(Öffnungszeiten siehe Webseite)

Weitere Infos: www.veganfreundlich.org/556

City Veg House

Oldenburg | Die Pizzeria bietet eine riesige Auswahl vegetarischer und veganer Gerichte an. Von Pizza über Pasta bis hin zu Aufläufen können alle Gerichte vegan zubereitet werden. Zum Überbacken wird dafür beispielsweise eine Sojacreme verwendet. Dazu sind Baguettes, Salate, Suppen und Vorspeisen im Angebot. Ein Lieferdienst ist vorhanden.

Nadorster Str. 79, 26123 Oldenburg
Mo - Fr: 11:00 - 14:00, 17:00 - 23:00, Sa: 16:00 - 23:00, So: 12:00 - 23:00
Weitere Infos: www.veganfreundlich.org/557

Tatort Taraxacum

Leer | In der ersten Krimibuchhandlung des „Mordwestens" findet man neben Krimis von deutschen und internationalen Autoren eine gut sortierte Abteilung mit Fantasy und Science-Fiction, spannende Kinderbücher und maritime Literatur. Das angeschlossene Café bietet eine große Anzahl fleischloser Gerichte von Kuchen bis zu herzhaften Snacks.

Rathausstr. 23, 26789 Leer
Di - Sa: 11:00 - 23:00, So: 14:00 - 19:00, warme Küche: Di - Sa: 12:00 - 15:00, 18:30 - 23:30
Weitere Infos: www.veganfreundlich.org/589

Café Vigan

Nordenham | Das Café möchte einen Beitrag dazu leisten, die Beziehung zwischen Mensch & Tier zu verbessern und einen wertschätzenden Umgang mit allen Tieren auf dieser Welt zu fördern. Mit jedem veganen Menü gehen 0,10€ an eine Tierschutzstiftung. Allerdings ist das Café nicht rein vegan, auch wenn der Name dies vermuten lässt.

Sophie-Scholl-Str. 6, 26954 Nordenham
Warme Küche Mo - Fr: 11:30 - 14:00, Kaffee & Kuchen: 11:00 - 17:00
Weitere Infos: www.veganfreundlich.org/568

Komagene

Bremerhaven | Die weltweite Gastronomiekette mit mehr als 500 Filialen alleine in der Türkei und mittlerweile knapp ein Dutzend Filialen in Deutschland bietet rein vegane „Chee Köfte" an. Diese beliebten Bällchen bestehen u. a. aus Bulgur und werden kalt mit Salat und Tomaten in einem Wrap serviert. Wer gerne scharf isst, wird hier fündig.

Georg-Seeberg-Str. 12, 27570 Bremerhaven
Mo - So: 10:00 - 22:00
Weitere Infos: www.veganfreundlich.org/163

Café Melchor

Osterholz-Scharmbeck | Café Melchor ist ein kleines, von Justin Melchor geführtes Café in der Nähe des Marktplatzes. Im Angebot sind stets vegane Torten, Cupcakes, Muffins sowie eine kleine Auswahl an herzhaften Snacks. Ein großer Teil der Produkte ist in Bioqualität oder fair gehandelt. Das Café ist mit seinen vier Tischen sehr klein.

Kirchenstr. 7, 27711 Osterholz-Scharmbeck
Mo - Sa: 9:30 - 18:00, So: 11:00 - 18:00

Weitere Infos: www.veganfreundlich.org/407

1885 - Die Burger

Bremen | 1885 ist das Geburtsjahr des Hamburgers. Gut zu wissen, dass man mittlerweile in immer mehr Restaurants vegane Burger bekommt. Der vegane Burger im 1885 besteht aus einem Linsenbratling. Das Restaurant nutzt keinerlei Konservierungsstoffe, künstliche Aromen, Zusatzstoffe oder Ähnliches. Eben nur pures Burger-Vergnügen.

Pelzerstr. 8, 28195 Bremen
Mo - Do: 11:30 - 22:00, Fr - Sa: 11:30 - 23:00, 16:00 - 22:00
Weitere Infos: www.veganfreundlich.org/402

Suppito

Bremen | Leicht und gesund, das ist der zeitgemäße Mittagstisch, der den Gästen im Suppito angeboten wird. Täglich hat man Wahl zwischen ständig wechselnden leckeren Suppen, indischen Currys und dem frischen Salatbuffet. Vegane Optionen sind gekennzeichnet und werden in allen Kategorien angeboten.

Richtweg 4, 28195 Bremen
Mo - Fr: 11:00 - 18:00

Weitere Infos: www.veganfreundlich.org/411

Burgerhaus

Bremen | Burgerladen mit einem großen Angebot veganer Speisen wie beispielsweise Burger, Currywurst oder Nuggets. Dazu werden auch etwas ausgefallene Sachen wie Curly Fries oder Tofu mit Rucolapesto zubereitet. Alle vegetarischen und veganen Gerichte sind auf der Speisekarte durch kleine Symbole deutlich gekennzeichnet.

Vor dem Steintor 23, 28203 Bremen
Mo - So: 12:00 - 0:00

Weitere Infos: www.veganfreundlich.org/35

0
1
2
3
4
5
6
7
8
9

Vengo - Die Gemüseküche

Bremen | Das Vengo bietet eine wöchentlich wechselnde Karte mit Speisen aus aller Herren Länder. Neben warmen Gerichten wie Pasta mit Kürbissoße oder Kartoffel-Blumenkohlpüree mit Senfbirnen steht Ausgefallenes sowie Altbewährtes auf dem Speiseplan. Alle Hauptgerichte sind vegan und auch zum Mitnehmen.

Ostertorsteinweg 91, 28203 Bremen
Mo - Sa: 11:00 - 21:00

Weitere Infos: www.veganfreundlich.org/232

Tom & Karo

Bremen | Die Speisekarte umfasst klassisches Fastfood wie Burger, Hotdogs, Currywurst, Falafel und Gyros in vielen Variationen. Salate, Suppen, Desserts & Gebäck, eine große Auswahl an hausgemachten Dips und Saucen sowie ein täglich wechselnder Mittagstisch runden das Angebot ab. Alle Produkte stammen aus hauseigener Produktion.

Vor dem Steintor 152, 28203 Bremen
Di - Sa: 12:00 - 22:00, So: 15:00 - 21:00

Weitere Infos: www.veganfreundlich.org/394

Marianne

Bremen | „Marianne gibt euch ein Stück Kuchen" liest man auf den liebevoll gestalteten Karten, in dem nicht weniger liebevoll gestalteten Räumen des kleinen Cafés mitten in Bremen. Bei der Auswahl an Leckereien fällt es jedoch fast schwer, sich für etwas zu entscheiden. Wie bei den Kuchen gibt es auch bei der Frühstücksauswahl Veganes.

Berliner Str. 22, 28203 Bremen
Di - Sa: 10:00 - 18:30

Weitere Infos: www.veganfreundlich.org/397

Viva Makro

Bremen | Viva Makro bietet eine besondere Auswahl an makrobiotischen und veganen Lebensmitteln in Bioqualität sowie einen täglich wechselnden Mittagstisch, der bis auf einen Tag in der Woche vegan ist. Es werden auch regelmäßig Kochkurse abgehalten. Die Besonderheit des makrobiotischen Essens liegt an seiner Bekömmlichkeit.

Körnerwall 1, 28203 Bremen
Di - Fr: 12:00 - 17:00

Weitere Infos: www.veganfreundlich.org/414

Vegefarm

Bremen | Das asiatische Restaurant bietet eine gute und zugleich schmackhafte und abwechslungsreiche vegane und vegetarische Küche, die auf Fleischersatz aus Sojaprodukten basiert. Einige Gerichte enthalten Milcheiweiß, diese sind jedoch mit einem Stern gekennzeichnet. Das Geschäft betreibt auch einen Shop mit Sojaprodukten.

Hamburger Str. 45 - 47, 28205 Bremen
Di - Sa: 12:00 - 23:00, So: 17:00 - 23:00

Weitere Infos: www.veganfreundlich.org/395

Veggie House

Bremen | Das Veggie House steht für eine ausgezeichnete Küche mit höchsten Ansprüchen. Im stilvollen Ambiente des Ladenlokals werden sowohl indische Spezialitäten, als auch italienische Speisen serviert. Alle Speisen sind vegetarisch, sehr viele davon auch vegan. Das Geschäft bietet auch einen Lieferdienst in Bremen an.

Graf-Moltke-Str. 26, 28211 Bremen
Mo: 17:00 - 23:00, Di - Fr: 11:30 - 14:00, 17:00 - 23:00, Sa - So: 16:00 - 23:00
Weitere Infos: www.veganfreundlich.org/396

veganbar

Bremen | Die veganbar ist ein Imbisswagen, der an verschiedenen Orten in Bremen vegane Gerichte anbietet. Neben Pommes und veganem Döner gibt es beispielsweise auch Currywurst oder Bratwurst, aber auch einige süße Leckereien. Den jeweiligen Standort erfährt man zeitnah auf der Facebookseite von veganbar: www.facebook.com/veganbar

Plantage 9, 28215 Bremen
Di - Fr: 12:00 - 15:00

Weitere Infos: www.veganfreundlich.org/75

El Mundo

Bremen | Das altbekannte El Mundo wartet mit gewohnt frischer, kreativer internationaler Küche auf seine Gäste. Auf der Speisekarte finden sowohl neue leckere Kreationen als auch die beliebten Klassiker Platz. Vegane Hauptgerichte sind beispielsweise das Tofu-Geschnetzelte mit Mango-Chutney oder die leckere Gemüseroulade.

Konsul-Smidt-Str. 10a, 28217 Bremen
Mo - Do: 16:00 - 23:00, Fr - Sa: 16:00 - 0:00, So: 16:00 - 23:00
Weitere Infos: www.veganfreundlich.org/399

Komagene

Bremen | Die weltweite Gastronomiekette mit mehr als 500 Filialen alleine in der Türkei und mittlerweile knapp ein Dutzend Filialen in Deutschland bietet rein vegane „Chee Köfte“ an. Diese beliebten Bällchen bestehen u. a. aus Bulgur und werden kalt mit Salat und Tomaten in einem Wrap serviert. Wer gerne scharf isst, wird hier fündig.

Gröpelinger Heerstr. 35, 28237 Bremen
Mo - Do: 12:30 - 22:00, Fr - Sa: 12:30 - 23:00, So: 14:30 - 22:00
Weitere Infos: www.veganfreundlich.org/160

Alma

Bremen | Das Café und Restaurant Alma bietet vegetarische Gerichte der internationalen Küche in freundlicher und entspannter Atmosphäre, direkt an der Lesum. Für die Auswahl an vegetarischen und veganen Gerichten werden nur beste Zutaten verwendet. Für private und geschäftliche Anlässe können die Räumlichkeiten gebucht werden.

Lesumbroker Landstr. 95, 28719 Bremen
Mo - So: 10:00 - 22:00

Weitere Infos: www.veganfreundlich.org/401

Erlesenes - das wesercafé

Bremen | Der Name „Erlesenes“ lässt dem Gast bereits ahnen, dass hier nur hochwertige, frische Gerichte den Weg auf die Speisekarte finden. Angeboten wird immer ein veganer Kuchen und auch die Tagessuppe ist immer vegan. Selbstverständlich können alle Kaffeespezialitäten auch mit Sojamilch zubereitet werden.

Alte Hafenstr 46, 28757 Bremen
Mi - So: 11:00 - 18:00 und zu Veranstaltungen sowie nach Vereinbarung
Weitere Infos: www.veganfreundlich.org/403

Onkel Kurt

Ottersberg | Alle Kuchen und kleinen Gerichte wie Suppen und Gratins, sowie alle Getränke im Angebot sind bio und in Teilen vegan wie auch die Sorbets des angebotenen Bauernhofeises. Kaffees gibt es mit Sojamilch. Am Wochenende bietet das Café ein vegetarisch-veganes Frühstück mit ca. 20 selbstgemachten, veganen und vegetarischen Aufstrichen.

Landstr. 16, 28870 Ottersberg
Mo - Fr: 12:00 - 19:00, Sa - So: 10:00 - 20:00 (März - Nov), Fr: 14:00 - 18:00, Sa - So: 11:00 - 19:00 (Nov - Feb)
Weitere Infos: www.veganfreundlich.org/408

Zauberkessel Walsrode

Walsrode | Der Zauberkessel ist ein sehr besonderes Erlebnis auf dem Jakobsweg Lüneburger Heide. In einem mittelalterlichen Ambiente werden ausschließlich vegetarische und vegane Speisen zubereitet und serviert. Der romantische Innenhof mit seinen schattenspendenden Bäumen und dem Kräutergarten lädt zum gemütlichen Zechgelage ein.

Bergstr. 12, 29664 Walsrode
Mi, Fr, Sa: ab 17:00

Weitere Infos: www.veganfreundlich.org/331

Hiller

Hannover | Das vegetarische Restaurant Hiller besteht seit 1955 und ist zugleich das älteste vegetarische Restaurant Deutschlands sowie das zweitälteste Europas. Chefkoch Robert Beck begeistert seine Gäste mit täglich wechselnden Mittags- und Abendmenüs sowie mit seinen saisonalen À la Carte Kreationen. Seit 2012 ist das Restaurant rein vegan.

Blumenstr. 3, 30159 Hannover
Mo - Sa: 12:00 - 23:00

Weitere Infos: www.veganfreundlich.org/420

Carrots & Coffee

Hannover | Aus Überzeugung gut, bietet das Carrots and Coffee ausschließlich vegetarische Leckereien in Bio-Qualität. Ob Tofu-Rührei zum Frühstück oder Selleriescnitzel in der wechselnden Wochenkarte - hier wird kreativ und leidenschaftlich gekocht. Der hilfsbereite Service unterstützt bei Unverträglichkeiten und Allergien professionell & freundlich.

Wedekindplatz 1, 30161 Hannover
Mo - So: 9:00 - 20:00

Weitere Infos: www.veganfreundlich.org/419

EMMA Tea

Hannover | Ein Ort der Entspannung und des Genusses, mit Außenterrasse im Sommer und versteckter Teestube zum Hinterhof. Im Angebot ist hausgemachter veganer Mittagstisch und Kuchen. Hier gibt es zudem den beliebten Iced Matcha (Soja)Latte sowie wechselnde grüne Smoothies „Grüne EMMA". Alle Produkte sind bio-zertifiziert.

Lister Meile 69, 30161 Hannover
Mo - Fr: 9:00 - 19:00, Sa: 10:00 - 17:00

Weitere Infos: www.veganfreundlich.org/421

Vegguerilla

Hannover | Mal auf die Schnelle was für den kleinen Heißhunger auf die Hand? Gerne! Florian von Vegguerilla bietet rein veganes Street Food vom Feinsten. Mit seinem Wurstbike fährt er verschiedene Orte in Hannover an und bereitet dann Currywurst, Bratwurst und Hotdogs zu. Die aktuellen Zeiten findet man auf der Facebookseite von Vegguerilla.

(mobil), 30161 Hannover
Die aktuellen Zeiten findet man auf der Facebookseite von Vegguerilla.
Weitere Infos: www.veganfreundlich.org/428

Suppenhandlung

Hannover | Die Suppenhandlung bietet gesunde Küche in abwechslungsreicher Vielfalt. Hausgemachte Suppen mit frischen Zutaten, Frühstück und süße Kleinigkeiten werden serviert. Vegane Gerichte sind auf der Karte gekennzeichnet. Meistens handelt es sich dabei um eine täglich wechselnde Suppe. Alle Gerichte gibt es auch zum Mitnehmen.

An der Lutherkirche 13, 30167 Hannover
Mo - Do: 9:00 - 19:00, Fr: 9:00 - 18:00, Sa - So: 9:00 - 15:00
Weitere Infos: www.veganfreundlich.org/427

Loving Hut

Hannover | Loving Hut ist eine internationale Gastronomiekette, die Speisen aus der asiatischen Küche anbietet. Alle Gerichte werden auf rein pflanzlicher Basis (vegan) liebevoll zubereitet und in einer schönen, freundlichen und ruhigen Atmosphäre serviert. Das Restaurant ist nicht nur rauchfrei, sondern auch alkoholfrei.

Calenberger Str. 11, 30169 Hannover
Mo - Do: 11:30 - 15:00, 17:00 - 21:30, Fr - Sa: 11:30 - 21:30, So:16:00 - 21:00
Weitere Infos: www.veganfreundlich.org/130

Centrum

Hannover | Morgens ab 9:00 Uhr lädt die Szenekneipe zum Frühstück ein. Auf einer Karte wählt man aus der reichhaltigen Auswahl Art und Anzahl auch veganer Zutaten das Frühstück aus. Ab mittags sind dann Burger und Co. der Renner unter den vielen herzhaften Gerichten, die alle auch vegan bestellt werden können.

Lindener Marktplatz 3, 30449 Hannover
Mo, Mi - Fr: 9:00 - 0:00, Di, Sa: 8:00 - 0:00

Weitere Infos: www.veganfreundlich.org/417

frioli

Hannover | Für die diversen Eissorten werden nur beste und soweit saisonal möglich, frische Bio-Zutaten verwendet. Alle Fruchteissorten sind frei von tierischen Zutaten, denn sie bestehen aus reinen Früchten ohne künstliche Farbstoffe und Aromen und sind deshalb sowohl für Allergiker als auch Veganer geeignet.

Stephanusstr. 8, 30449 Hannover
Mo - Sa: 12:00 - 18:00, So: 14:00 - 18:00 (im Sommer täglich: 11:00 - 20:00)
Weitere Infos: www.veganfreundlich.org/422

Crêperie

Hannover | Flair, Charme und eine gemütliche Atmosphäre - das ist es, was die kleine Creperie in der Limmerstraße ausmacht. Das freundliche Team verwöhnt den Gast täglich mit einem abwechslungsreichen Angebot an Speisen und Getränken. Alle süßen Crepes und Waffeln sowie diverse Getränke können auch vegan zubereitet werden.

Limmerstr. 47, 30451 Hannover
Mo - Fr: 10:00 - 23:00, Sa: 11:00 - 23:00, So: 11:00 - 22:00
Weitere Infos: www.veganfreundlich.org/424

Supp-Cultur

Hildesheim | Hausgemachte Suppen, leckere Kaffeevariationen und ein kräftigendes Frühstück in außergewöhnlichem Ambiente - die „Supp-Cultur" in Hildesheim ist eine Besonderheit. Das moderne Kaffeehaus lädt zu kulinarischem Genuss im Verbund mit Kultur ein. Vegetarische und vegane Speisen (z. B. zubereitet mit Fleischersatz) sind gekennzeichnet.

Bahnhofsallee 13/14, 31134 Hildesheim
Mo, Mi, Fr: 10:00 - 18:00, Di, Do: 10:00 - 21:00

Weitere Infos: www.veganfreundlich.org/614

Bio Hof Brinkmann

Lage | Im Herzen von Lippe liegt die süße Bio-Kuchenmanufaktur des BIO HOF BRINKMANN. Das Angebot des Hofes ist rein vegetarisch, biologisch, regional und saisonal und wird durch Wildkräuter verfeinert. Zur Kaffeezeit gibt es immer einen veganen Kuchen und auch das vegetarische Frühstücksbuffet kann auf Voranfrage vegan gestaltet werden.

Fröbelstraße 4, 32791 Lage
Café: Sa - So: 14:00 - 17.30 (9:30 - 12:00 gr. Bio-Frühstück: 1. Sonntag im Monat, kl. Frühstück: 3. Sonntag im Monat)
Weitere Infos: www.veganfreundlich.org/682

Café & Bistro queer´s

Bielefeld | Das queer´s ist ein Café & Bistro, das allen Menschen (egal welches Geschlecht, Alter, Nationalität oder sexuelle Orientierung) einen Platz zum Wohlfühlen bietet. Die meisten Speisen können vegan bestellt werden. Das Kuchenangebot ist immer rein vegan. Zudem werden oft politische Themenabende und Lesungen angeboten.

Neumarkt 11-13, 33602 Bielefeld
11:00 - 23:30

Weitere Infos: www.veganfreundlich.org/8

Moccaklatsch

Bielefeld | Im Moccaklatsch lässt sich nicht nur die gute mediterrane Küche genießen, sondern auch die gemütliche und behagliche Atmosphäre. Ob Frühstück (zum Beispiel veganes Rührei), ausgewählte Speisen, Tapas, Ciabattas, Pasta oder Desserts. All das wird nicht nur schnell und mit viel Liebe, sondern auf Wunsch auch vegan zubereitet.

Arndtstr. 11, 33602 Bielefeld
Mo - Sa: 9:30 - open end, So: 9:30 - open end

Weitere Infos: www.veganfreundlich.org/467

Meiwei

Bielefeld | Meiwei ist das Synonym für moderne, gesunde asiatische Küche und heißt wörtlich übersetzt ´köstlich´, und das ist mit Blick auf die vielen leckeren Sushi-Kompositionen keineswegs übertrieben. Qualität und Frische haben bei Meiwei oberste Priorität. Vegane Gerichte (zum Beispiel gebratene Nudeln mit Tofu) sind deutlich gekennzeichnet.

Münzstr. 5, 33602 Bielefeld
Mo - Fr: 12:00 - 23:00, Sa - So: 17:00 - 23:00

Weitere Infos: www.veganfreundlich.org/470

Café Künstlerei

Bielefeld | Das Café Künstlerei befindet sich im Bielefelder Westen, unweit des Siegfriedplatzes. Die kleine Karte bietet neben Kaffeespezialitäten auch einige hausgemachte Köstlichkeiten, natürlich stets frisch zubereitet und nach Möglichkeit aus der Region und in Bioqualität. Diverse vegane Sandwiches und hin und wieder auch Kuchen sind im Angebot .

Turmstr. 10, 33615 Bielefeld
Di - Sa: 10:00 - 18:30, So: 14:00 - 18:00

Weitere Infos: www.veganfreundlich.org/469

Komagene

Bielefeld | Die weltweite Gastronomiekette mit mehr als 500 Filialen alleine in der Türkei und mittlerweile knapp ein Dutzend Filialen in Deutschland bietet rein vegane „Chee Köfte“ an. Diese beliebten Bällchen bestehen u. a. aus Bulgur und werden kalt mit Salat und Tomaten in einem Wrap serviert. Wer gerne scharf isst, wird hier fündig.

Hauptstr. 131, 33647 Bielefeld
Mo - Do: 12:00 - 22:00, Fr - Sa: 12:00 - 23:00, So: 13:00 - 22:00
Weitere Infos: www.veganfreundlich.org/162

Cigköftem

Kassel | Çig köfte bedeutet „rohe Frikadellen“ - mit Fleisch hat die türkische Spezialität hier aber nichts zu tun. Vielmehr wird sie aus Naturweizen, Tomatenmark, gemahlenen Chilischoten und 18 verschiedenen Gewürzen hergestellt. Im Fastfood-Restaurant-Stil wird den Gästen hier çig köfte vegetarisch, aber auch vegan serviert.

Untere Königsstr. 76, 34117 Kassel
Mo - Fr: 12:00 - 23:30, Sa: 12:00 - 0:00, So: 13:00 - 0:00
Weitere Infos: www.veganfreundlich.org/195

Abessina

Kassel | Das Restaurant Abessina, zentral gelegen in der Mitte Kassels, bietet neben einer besonderen Atmosphäre leckere ostafrikanische Speisen und Getränke. Die Extrakarte für vegane Speisen zeigt neben der Erklärung der Gerichte auch ein Bild der Speise. Auch hat man hier die Möglichkeit z. B. mit Freunden eine gemischte Platte zu bestellen.

Kurt-Schumacher-Str. 23, 34117 Kassel
Mo - So: 17:30 - 23:00
Weitere Infos: www.veganfreundlich.org/609

Trimurti

Kassel | Trimurti bietet ein reichhaltiges Angebot an vegetarischen Speisen der nord- und südindischen Küche, selbstverständlich stets frisch zubereitet. Zudem hat das Restaurant seine ausschließlich vegetarische Speisekarte um eine vegane Komponente erweitert. Mittlerweile können fast alle Speisen vegan zubereitet werden.

Wilhelmshöher Allee 61, 34121 Kassel
Mo - Sa: 11:00 - 22:00, So: 12:30 - 20:30
Weitere Infos: www.veganfreundlich.org/607

Ayurveda Kalam

Kassel | Ayurveda Kalam ist ein gemütliches vegetarisch-veganes Minirestaurant in zentraler Lage (Uninähe). Es gibt täglich wechselnde Gerichte und Tagesmenüs, gekocht nach der indisch- ayurvedischen Küche, die mit frischen Zutaten, exotischen Gewürzen und ihrer ausgewogenen Zusammenstellung der inneren Harmonisierung dient.

Mönchebergstr. 8a, 34125 Kassel
ab Beginn der Sommerzeit Mo - Fr: 11:00 - 21:00, Winterzeit: Mo - Fr: 11:00 - 20:00
Weitere Infos: www.veganfreundlich.org/608

Wildwuchs

Waldeck | Das Rad-Wander-Café Wildwuchs bietet vegetarische und vegane Speisen von knackigen Salaten über kleine Happen für Zwischendurch bis hin zu einem Menü mit mehreren Gängen für den festlichen Anlass. Die Karte variiert ständig und wer nach dem Essen zu müde ist, um den Heimweg anzutreten, findet im Gasthaus Ruhe.

An der Stadthalle 1, 34513 Waldeck
Do - Mo: 10:00 - 21:00 (Sommer), Fr - Mo: 14:00 - 21:00 (Winter)
Weitere Infos: www.veganfreundlich.org/681

Salädchen

Marburg | Salädchen wurde von Freunden gegründet, die eine Leidenschaft für gute und frische Lebensmittel besitzen. Hier kann man das Essen ganz nach der eigenen Vorstellung zusammenstellen lassen. Dazu wählt man aus bis zu 45 frischen Zutaten aus, die nicht nur im Salat, sondern auch auf der Ofenknolle oder als Einlage in der Suppe lecker schmecken.

Pilgrimstein 29, 35037 Marburg
Mo - So: 9:00 - 21:00

Weitere Infos: www.veganfreundlich.org/276

Mevlana

Marburg | Kleiner, aber feiner Imbiss in Marburg an der Lahn. Neben den konventionellen Fleischgerichten werden auch immer mehr vegane Speisen angeboten. Der Klassiker ist der Seitandöner mit Sesamsoße, der dem „Original" in nichts nachsteht. Dazu werden Softgetränke verkauft. Insgesamt finden ca. 25 Personen Sitzplätze vor.

Barfüßerstr. 37, 35037 Marburg
(Öffnungszeiten siehe Webseite)

Weitere Infos: www.veganfreundlich.org/574

Sami´s Falafel

Marburg | Sami´s Falafel ist ein vegetarischer Imbiss und bis auf wenige Ausnahmen (Feta) sogar vegan. Alle Gerichte basieren auf die hausgemachten leckeren Falafel, die erst durch die besondere Gewürzmischung einzigartig im Geschmack sind. Alle Wraps gibt es auch im Pitabrot oder glutenfrei. Einmalig ist auch der XL Falafelburger!

Pilgrimstein 25, 35037 Marburg
Mo - So: 11:00 - 23:00

Weitere Infos: www.veganfreundlich.org/575

ÇIĞKÖFTEM.com Since 1993

Cigköftem

Gießen | Çig köfte bedeutet „rohe Frikadellen" - mit Fleisch hat die türkische Spezialität hier aber nichts zu tun. Vielmehr wird sie aus Naturweizen, Tomatenmark, gemahlenen Chilischoten und 18 verschiedenen Gewürzen hergestellt. Im Fastfood-Restaurant-Stil wird den Gästen hier çig köfte vegetarisch, aber auch vegan serviert.

Schulstr. 9, 35390 Gießen
Mo - Do: 11:00 - 22:00, Fr - Sa: 11:00 - 23:00, So: 13:00 - 21:00
Weitere Infos: www.veganfreundlich.org/201

Vollwert-S

Gießen | Das vegane Vollwertrestaurant möchte allen Gästen ein Forum für gesunde Ernährung bieten. So werden an fünf Tagen in der Woche wechselnde Tagesgerichte, aber auch Klassiker wie Sandwiches und Pizzen serviert. Für alle veganen Naschkatzen steht eine Auswahl an Desserts zur Verfügung. Dazu werden Säfte und Weine gereicht.

Frankfurter Str. 25, 35392 Gießen
So - Do: 10:00 - 21:00

Weitere Infos: www.veganfreundlich.org/620

Sami´s Falafel

Gießen | Sami´s Falafel ist ein vegetarischer Imbiss und bis auf wenige Ausnahmen (Feta) sogar vegan. Alle Gerichte basieren auf die hausgemachten leckeren Falafel, die erst durch die besondere Gewürzmischung einzigartig im Geschmack sind. Alle Wraps gibt es auch im Pitabrot oder glutenfrei. Einmalig ist auch der XL Falafelburger!

Rathenaustr. 6, 35394 Gießen
Mo - Do: 11:00 - 18:30, Fr - Sa: 12:30 - 18:30

Weitere Infos: www.veganfreundlich.org/585

Aubergine

Fulda | Kleines, aber feines Restaurant, das köstliche vegane und vegetarische Gerichte in sehr gemütlicher Atmosphäre anbietet. Mittags und sonntags wird ein Schlemmer-Buffet mit großer Auswahl angeboten. Der Gast findet hier neben den leckeren Speisen auch frisch gepresste Säfte, grüne Smoothies, Bio-Weine sowie Biere und mehr.

Haimbacher Str. 51, 36041 Fulda
So, Di - Fr: 11:30 - 14:00, 18:00 - 22:00, Sa: 18:00 - 22:00

Weitere Infos: www.veganfreundlich.org/623

Edelbeißer

Göttingen | Edelbeißer ist der erste Lieferservice für veganes Fast Food in Göttingen. Alle Gerichte sind cholesterin- und laktosefrei und enthalten keinerlei tierische Bestandteile. Dazu kommt, dass das Sortiment vorwiegend mit Produkten aus biologischem Anbau zubereitet wird. Das Menü besteht aus Pizza, Pasta, Schnitzel, Gyros und Salaten.

(mobil), 37073 Göttingen
Öffnungszeiten & Lieferservice: Mo - Sa: 17:00 - 22:00, So: 11:00 - 22:00
Weitere Infos: www.veganfreundlich.org/343

India Haus

Göttingen | Ob pikant oder mild, gegrillt oder gegart, vegetarisch oder vegan: Das Restaurant bietet ein breites Spektrum an Speisen aus einer der ältesten Kochtraditionen der Welt. Vegetarische und vegane Speisen stehen auf einer eigenen Seite. Statt Ghee wird Sojakäse verwendet um alle vegetarischen Speisen vegan zu servieren.

Kurze Geismarstr. 41, 37073 Göttingen
Mo - Sa: 11:30 - 14:30, 17:30 - 23:00, So: 11:30 - 22:30

Weitere Infos: www.veganfreundlich.org/345

Maharadscha

Göttingen | Das Maharadscha bietet Speisen der nordindischen Küche mit all den exzellenten Gewürzen des Landes an. Zwischen den Speisen aus dem Tandoori-Ofen gibt es eine große Auswahl an vegetarischen und veganen Spezialitäten. Diese sind auf der Speisekarte in einer eigenen Kategorie zusammengefasst.

Gartenstr. 25, 37073 Göttingen
Mo: 17:30 - 23:00, Di - So: 11:30 - 14:30, 17:30 - 23:00

Weitere Infos: www.veganfreundlich.org/346

Café riptide

Braunschweig | In dem gemütlichen Café werden erfrischende, nicht alltägliche Kaltgetränke, der vielleicht beste Kaffee der Stadt, sowie herzhafte (u. a. Burger, Bagel) & süße Speisen, allesamt vegetarisch oder vegan angeboten. Desweiteren sind diverse Gesellschaftsspiele sowie gratis WLAN zum Arbeiten und Surfen im Angebot.

Handelsweg 11, 38100 Braunschweig
Mo - Mi: 12:00 - 23:00, Do - Sa: 12:00 - 1:00

Weitere Infos: www.veganfreundlich.org/30

Der kleine Vegetarier

Braunschweig | Gemütlicher Imbiss und Lieferservice mit rein vegetarischen Speisen und Getränken. Viele Gerichte können auch vegan zubereitet werden. Diese sind auf der Karte deutlich gekennzeichnet und auch auf der wöchentlich wechselnden Karte, die auf der Webseite einsehbar ist, finden sich vegane Gerichte wieder.

Auguststr. 15/16, 38100 Braunschweig
Mo - Fr: 9:00 - 17:00, Sa: 10:00 - 16:00

Weitere Infos: www.veganfreundlich.org/31

Brodocz

Braunschweig | Nahe der Braunschweiger Fußgängerzone befindet sich das Restaurant Brodocz im traditionellen Fachwerkhaus. Die Zutaten der Speisen und Getränke sind aus kontrolliert biologischem Anbau. Wein sowie Hauptspeisen wie Currys, Salate oder Suppen gibt es auch in vegan. Zudem werden frisch gepresste Säfte serviert.

Stephanstr. 2, 38100 Braunschweig
Mo - Sa: 11:30 - 23:00, Di: 11:30 - 15:30

Weitere Infos: www.veganfreundlich.org/33

DönerAy

Braunschweig | Neben den üblichen Dönergerichten gibt es hier verschiedene vegetarisch-vegane Speisen. Das „Fleisch" ist auf Seitanbasis (Weizeneiweiß) und selbst die Dönersoße kann vegan bestellt werden. Das Ganze wird als Dürüm oder im Fladenbrot (auch Vollkorn) angeboten. Sitzmöglichkeiten sind ausreichend vorhanden.

Ritterbrunnen 7, 38100 Braunschweig
Mo - Fr: 8:00 - 20:30, Sa: 10:00 - 20:30

Weitere Infos: www.veganfreundlich.org/34

Micky&Molly

Braunschweig | Angeboten werden vegane Torten, Kuchen, Cupcakes, ein wöchentlich wechselnder Mittagstisch, Pastagerichte, Salate, Suppen, vegane Dönerteller, vegane Currywurst, Kaffee und Teespezialitäten (bio und fairtrade), sowie Sonntagsbrunch. Das Café wird vom Verein Tier-Time e.V. betrieben, der alle Gewinne für Tierrechtsarbeit nutzt.

Altewiekring 20a, 38102 Braunschweig
Mi - Do: 10:00 - 18:00, Fr - Sa: 12:00 - 18:00, So: 10:00 - 18:00
Weitere Infos: www.veganfreundlich.org/32

Hotdog.de

Magdeburg | Fast Food - aber lecker und frisch! Hotdog.de bietet in der Magdeburger Altstadt erstklassige Hotdogs mit frischen Zutaten und selbstgemachten Soßen an. Besonders Veganer können sich freuen: Neben den veganen Soßen, bietet Hotdog.de auch leckere Würstchen und Brötchen in veganer Variante sowie veganes Eis an.

Breiter Weg 11a, 39104 Magdeburg
Mo - Sa: 11:00 - 19:00, So: 11:00 - 17:00

Weitere Infos: www.veganfreundlich.org/374

Krautwells

Magdeburg | Das Bistro bietet einen täglich wechselnden Mittagstisch mit mindestens einer veganen Speise an. Ob geliefert oder im Laden gegessen, die Produkte werden immer direkt nach der Bestellung in der Küche frisch, fettarm und möglichst schonend zubereitet. Daher bleiben die produktspezifischen Inhaltsstoffe weitestgehend erhalten.

Otto-von-Guericke-Str. 48, 39104 Magdeburg
Mo - Fr: 10:00 - 16:00, Sa: 18:00 - 22:00, So: 17:00 - 22:00
Weitere Infos: www.veganfreundlich.org/577

Cigköftem

Düsseldorf | Çig köfte bedeutet „rohe Frikadellen“ mit Fleisch hat die türkische Spezialität hier aber nichts zu tun. Vielmehr wird sie aus Naturweizen, Tomatenmark, gemahlenen Chilischoten und 18 verschiedenen Gewürzen hergestellt. Im Fastfood-Restaurant-Stil wird den Gästen hier çig köfte vegetarisch, aber auch vegan serviert.

Graf-Adolf-Str. 68, 40210 Düsseldorf
Mo, Do: 11:00 - 0:00, Di - Mi: 11:00 - 22:00, Fr - Sa: 11:00 - 1:00, So: 13:00 - 22:00
Weitere Infos: www.veganfreundlich.org/192

MoschMosch

Düsseldorf | MoschMosch ist eine Nudelbar im Stil eines japanischen Wirtshauses mit über 10 Filialen. Vegane und vegetarische Gerichte sind auf der Karte gekennzeichnet. Neben Vorspeisen sind Ramen-Suppen, japanische Weizennudeln mit verschiedenen Brühen und Einlagen wie Tofu und besondere Salate im Angebot. Auch online bestellbar.

Königsallee 60 (KÖ-Galerie), 40212 Düsseldorf
Mo - Sa: 10:00 - 22:00, So: 12:00 - 21:00

Weitere Infos: www.veganfreundlich.org/25

Space Burger

Düsseldorf | Das legendäre Burgerrestaurant in der Altstadt bietet neben einem vielseitigen Angebot von vegetarischen Speisen nach Familienrezept, nun auch eine große Auswahl leckerer veganer Burger an. Belegt mit saftigem Tofupatti lädt das gemütlich nostalgische Ambiente dazu ein, sich durch die umfangreiche Karte zu stöbern.

Neustr. 41, 40213 Düsseldorf
11:30 - 22:30

Weitere Infos: www.veganfreundlich.org/392

Cigköftem

Düsseldorf | Çig köfte bedeutet „rohe Frikadellen" - mit Fleisch hat die türkische Spezialität hier aber nichts zu tun. Vielmehr wird sie aus Naturweizen, Tomatenmark, gemahlenen Chilischoten und 18 verschiedenen Gewürzen hergestellt. Im Fastfood-Restaurant-Stil wird den Gästen hier çig köfte vegetarisch, aber auch vegan serviert.

Kölner Str. 285, 40227 Düsseldorf
Mo - Do: 11:00 - 22:00, Fr - Sa: 11:00 - 23:00, So: 13:00 - 0:00
Weitere Infos: www.veganfreundlich.org/191

Lüders

Düsseldorf | Das Lüders serviert peruanische und spanische Tapasgerichte, von denen einige vegan sind. Diese sind auf der Karte gekennzeichnet. Dazu wird frisches Uerige gereicht und regelmäßige Konzerte mit unterschiedlichen Künstlern aus den Bereichen Jazz, Pop, Flamenco und Latin präsentiert. Alle Fortuna Spiele werden live in HD gezeigt.

Hermannstr. 64, 40233 Düsseldorf
Di - Do: 17:30 - 0:00, Fr - Sa: 17:30 - 1:00, So: 10:00 - 23:00
Weitere Infos: www.veganfreundlich.org/389

Fritte

Düsseldorf | Fritte kombiniert klassische Fastfood-Rezepte mit Qualitätszutaten aus biologisch angebautem Gemüse und erstellt damit hochwertige Klassiker wie Fritten, Burger, Currywurst und mehr. Das Besondere: Alle Gerichte werden auch vegan angeboten und sind dementsprechend auch gut sichtbar auf der Speisekarte deklariert.

Ackerstr. 181, 40233 Düsseldorf
Mo - So: 11:30 - 21:00

Weitere Infos: www.veganfreundlich.org/391

Tanja´s Grill

Hilden | Der Imbiss bietet in der Woche täglich bereits ab morgens halb sechs neben konventionellen Produkten auch eine riesige Auswahl veganer Speisen, von belegten Brötchen über Currywurst, Bratwurst, Frikadellen bis zu Schnitzel und Gulasch. Bei telefonischer Vorbestellung können auch Pastagerichte mit Vollkornnudeln zubereitet werden.

Sudermannstr. 18, 40721 Hilden
Mo - Fr: 5:30 - 21:00

Weitere Infos: www.veganfreundlich.org/662

MOKKA

Mönchengladbach | Die Speisekarte des MOKKA bietet eine saisonale, vielfältige Crossover-Küche mit mediterranem Flair, aber auch einige Klassiker der deutschen Küche, natürlich alles frisch zubereitet. Alle veganen Gerichte wie beispielsweise Zucchini-Nudeln mit Tofubolognese oder Bruschetta sind deutlich mit einem „vn" gekennzeichnet.

Stephanstr. 1 , 41061 Mönchengladbach
Mo - Do: 9:00 - 23:00, Fr - Sa: 9:00 - 0:00, So: 10:00 - 23:00
Weitere Infos: www.veganfreundlich.org/431

Pera

Mönchengladbach | In dem Schnellrestaurant Pera werden täglich frische und hausgemachte türkische Speisen, aber auch italienische Pastagerichte serviert. Neben den konventionellen Angeboten findet man mittlerweile immer mehr vegan zubereitete Gerichte. Die Auswahl reicht hier von Falafel über Lahmacun bis hin zu Pasta Bolognese.

Stresemannstr. 34, 41236 Mönchengladbach
Mo - So: 11:00 - 22:00

Weitere Infos: www.veganfreundlich.org/651

Kumpir & more

Mönchengladbach | Das kleine Bistro Kumpir & more bietet viele traditionelle türkische Gerichte konventionell mit Fleisch, aber auch vegan an. Auf der separaten veganen Speisekarte findet man Gerichte wie Kumpir, Cigköfte (Frikadellen aus Bulgur) oder Linsensuppe. Alle Speisen können natürlich auch zum Mitnehmen bestellt werden.

Friedrich-Ebert-Str. 7, 41238 Mönchengladbach
Mo - Fr: 7:00 - 20:00, Sa: 10:00 - 21:00

Weitere Infos: www.veganfreundlich.org/650

Geneickener Bahnhof

Mönchengladbach | Die reichhaltige Speisekarte mit täglich wechselnden Gerichten und saisonalen Spezialitäten aus aller Herren Länder lädt zum Schlemmen ein. Neben einer Vielzahl angebotener veganer Speisen werden auch vegane Produkte im integrierten Geschäft verkauft. Außerdem wird ein ausgewogener Mittagstisch angeboten.

Otto-Saffran-Str. 102, 41238 Mönchengladbach
Di - Sa: 17:30 - 0:00 (mittags auf Anfrage), So: 10:00 - 15:00, 17:30 - 23:00
Weitere Infos: www.veganfreundlich.org/652

Thai Royal

Neuss | Thai Royal ist nicht einfach nur ein Restaurant, sondern bietet bei tollem Ambiente eine absolute Zufriedenheitsgarantie. Bei rund drei Dutzend veganen Speisen, typisch thailändischer Gastfreundlichkeit und Professionalität wird jeder Gast gesättigt und zufrieden das Lokal verlassen und sicher gerne wiederkommen.

Neumarkt 16, 41460 Neuss
Mo - Sa: 11:30 - 15:00, 18:00 - 0:00, So: 12:00 - 0:00

Weitere Infos: www.veganfreundlich.org/570

Torschenke

Dormagen | Als Teil der Burganlage der Zollfeste Zons schaut die Torschenke auf eine 600-jährige Geschichte zurück, die noch immer allgegenwärtig ist. Seit über 100 Jahren ist das Haus im Besitz der Familie Juch. Über 2 Ebenen bietet das Restaurant neben konventionellen Fleischgerichten auch einige vegane und vegetarische Gerichte.

Rheinstr. 3, 41541 Dormagen
Mo: 12:00 - 14:30, 17:30 - 22:00, Mi - So: 12:00 - 14:30, 17:30 - 22:00
Weitere Infos: www.veganfreundlich.org/569

MOKKA

Viersen | Die Speisekarte des MOKKA bietet eine saisonale, vielfältige Crossover-Küche mit mediterranem Flair, aber auch Klassiker der deutschen Küche. Alle Gerichte werden frisch zubereitet. Nahezu alle Gerichte können vegan zubereitet werden (Tofu statt Fleisch oder Kokosmilch statt Milch). Dies ist auf der Karte auch vermerkt.

Rathausmarkt 1, 41747 Viersen
Mo - Sa: 9:00 - 23:00, So: 9:30 - 22:00

Weitere Infos: www.veganfreundlich.org/432

Hans im Glück Elberfeld

Wuppertal | Hans im Glück besticht mit einmaligem Ambiente und aufmerksamem Service und überrascht seine Gäste mit einer vielfältigen Auswahl an Burgerkreationen. Darunter ein veganer Burger, belegt mit würzigem Weizen-Bratling, Tomate, Rauke und Sprossen. Dazu schmecken die köstlichen Fritten und die hausgemachte Orangen-Senf-Soße.

Herzogstr. 40, 42103 Wuppertal
Mo - So: ab 11:00 - ca. 1:00* (variiert je nach Standort leicht)
Weitere Infos: www.veganfreundlich.org/93

beatz und kekse

Wuppertal | Das beatzundkekse ist ein Café im 70er Jahre Stil mit einer großen Auswahl an Getränken. Diese sind überwiegend fairtrade & bio, die Heißgetränke und Shakes gibt es auch in veganer Variante. Dazu gibt es diverse Snacks. Von den Sandwiches sind immer zwei vegan, hin und wieder gibt es zusätzliche vegane Tagesangebote und veganen Kuchen.

Luisenstr. 86, 42103 Wuppertal
Mo: ab 19:00, Di - Fr: ab 17:00, Sa: ab 14:00, So: ab 15:00

Weitere Infos: www.veganfreundlich.org/663

ÇiĞKÖFTEM .com
Since 1993

Cigköftem

Wuppertal | Çig köfte bedeutet „rohe Frikadellen" - mit Fleisch hat die türkische Spezialität hier aber nichts zu tun. Vielmehr wird sie aus Naturweizen, Tomatenmark, gemahlenen Chilischoten und 18 verschiedenen Gewürzen hergestellt. Im Fastfood-Restaurant-Stil wird den Gästen hier çig köfte vegetarisch, aber auch vegan serviert.

Wilhelmstr. 1, 42109 Wuppertal
Mo - So: 11:00 - 23:00

Weitere Infos: www.veganfreundlich.org/210

Bäckerei Troll

Wuppertal | Die Bio-Bäckerei mit Imbissmöglichkeit bietet ein großes veganes Sortiment an herzhaften und süßen Speisen. Online kann man sich vorab über alle veganen Backwaren informieren. Sojamilch für Heißgetränke ist ebenfalls im Angebot und es können auch einige vegane Artikel wie beispielsweise Pflanzenmilch gekauft werden.

Kemmannstr. 15, 42349 Wuppertal
Mo, Di, Do, Fr: 8:00 - 18:00, Mi, Sa: 8:00 - 13:00

Weitere Infos: www.veganfreundlich.org/114

Cigköftem

Solingen | Çig köfte bedeutet „rohe Frikadellen" - mit Fleisch hat die türkische Spezialität hier aber nichts zu tun. Vielmehr wird sie aus Naturweizen, Tomatenmark, gemahlenen Chilischoten und 18 verschiedenen Gewürzen hergestellt. Im Fastfood-Restaurant-Stil wird den Gästen hier çig köfte vegetarisch, aber auch vegan serviert.

Am Neumarkt 15, 42651 Solingen
Mo - Sa: 11:00 - 22:00

Weitere Infos: www.veganfreundlich.org/205

Suppen-Fabrik

Dortmund | Jede Woche werden verschiedene frische Suppen und Eintöpfe gekocht. Dabei gibt es immer Abwechslung von klassisch bis exotisch, von reichhaltig bis kalorienarm. Drei der Suppen und Eintöpfe sind immer vegetarisch und es findet sich fast immer auch mindestens eine vegane Suppe im Programm. Dazu gibt es Bio-Limonaden.

Kaiserstr. 43, 44135 Dortmund
Mo - Fr: 11:30 - 19:00 (außer an Feiertagen)

Weitere Infos: www.veganfreundlich.org/13

Cakes n Treats Café

Dortmund | In dem rein veganen Café werden leckere Torten und traumhaftes Gebäck, bunte Cupcakes oder warme Waffeln angeboten. Wer es lieber herzhaft mag kann sich an Burger, Bagel oder Döner erfreuen. Sonntags wird ein Brunch mit umfangreicher Auswahl angeboten. Direkt nebenan befindet sich der vegane Supermarkt Vegilicious.

Bissenkamp 11-13, 44135 Dortmund
Di - Sa: 11:00 - 19:00, So: 10:00 - 16:00 (inkl. Brunch)

Weitere Infos: www.veganfreundlich.org/76

Guttut

Dortmund | Direkt an der Möllerbrücke in Dortmund gelegen kann man das Café auch mit der U-Bahn schnell erreichen. Angeboten werden verschiedene Gerichte, sowie eine Tagessuppe. Diese ist zwar immer vegan, aber nicht immer das, was man sich allgemein unter einer Suppe vorstellt. So gibt es auch mal Chili con Soja, mal diverse Dal-Variationen.

Lindemannstr. 4, 44137 Dortmund
Mo - Fr: 9:00 - 17:00

Weitere Infos: www.veganfreundlich.org/356

Suppen-Fabrik

Dortmund | Jede Woche werden verschiedene frische Suppen und Eintöpfe gekocht. Dabei gibt es immer Abwechslung von klassisch bis exotisch, von reichhaltig bis kalorienarm. Drei der Suppen und Eintöpfe sind immer vegetarisch und es findet sich fast immer auch mindestens eine vegane Suppe im Programm. Dazu gibt es Bio-Limonaden.

Saarlandstr. 60, 44139 Dortmund
Mo - Fr: 11:30 - 19:00 (außer an Feiertagen)

Weitere Infos: www.veganfreundlich.org/14

Milano

Dortmund | Alle angebotenen Fruchteissorten im Eiscafé Milano sind ohne tierische Zutaten und somit vegan. Mit Früchten und verschiedenen Soßen kann man sich so einen veganen Eisbecher zusammenstellen. Die sehr sympathische und engagierte Betreiberfamilie geht zudem auch auf weitere Wünsche bezüglich veganer Speisen ein.

Hohe Str. 6, 44139 Dortmund
Mo - Fr: 9:00 - 18:30, So: 11:00 - 18:30

Weitere Infos: www.veganfreundlich.org/354

ÇiĞKÖFTEM.com Since 1993

Cigköftem

Dortmund | Çig köfte bedeutet „rohe Frikadellen" - mit Fleisch hat die türkische Spezialität hier aber nichts zu tun. Vielmehr wird sie aus Naturweizen, Tomatenmark, gemahlenen Chilischoten und 18 verschiedenen Gewürzen hergestellt. Im Fastfood- Restaurant-Stil wird den Gästen hier çig köfte vegetarisch, aber auch vegan serviert.

Münsterstr. 35, 44145 Dortmund
(Öffnungszeiten siehe Webseite)

Weitere Infos: www.veganfreundlich.org/207

Subrosa

Dortmund | Die urgemütliche, kultige Hafen-Bar mit bunt gemischtem (Sofa-) Interieur bietet „Futtern wie bei Muttern“ konventionell, aber auch vegan an. Dazu läuft immer gute Musik, zart bis rockig, selten aus den Charts, ein vielfältiges Unterhaltungsprogramm: Von den offenen Bühnen (Poetry Jam / Talentschuppen) über musikalische Themenabende.

Gneisenaustr. 56, 44147 Dortmund
Mo - Do: 18:00 - 0:00, Fr: 18:00 - 1:00, Sa: 15:00 - 1:00

Weitere Infos: www.veganfreundlich.org/357

Blondie´s

Bochum | Angeboten werden viele verschiedene Burger, die alle auch in vegan bestellbar sind. Außerdem gibt es Bio-Currywurst (die übrigens immer vegan ist) und veganen Kuchen. Und dass vegan nicht automatisch teuer ist, beweist das Restaurant ebenfalls: Die veganen Burger sind günstiger als die mit Fleisch.

Kortumstr. 140, 44787 Bochum
Mo: 17:30 - 22:00, Di - So: 15:00 - 22:00

Weitere Infos: www.veganfreundlich.org/9

Çig Köfte

Bochum | Çig Köfte sind eigentlich rohe Hackfleischbällchen, von der allerdings auch eine vegane Variante aus Bulgur und Kartoffeln weltweit sehr verbreitet ist. Mit Salat und Fladenbrot ist es eine günstige, ideale Mahlzeit für zwischendurch. Außerdem bekommt man hier auch vegane Döner aus Seitan, sowie mit Reis gefüllte Weinblätter.

Hans-Böckler-Str. 18, 44787 Bochum
Mo - Sa: 10:00 - 21:00

Weitere Infos: www.veganfreundlich.org/11

Suppen-Fabrik

Bochum | Jede Woche werden verschiedene frische Suppen und Eintöpfe gekocht. Dabei gibt es immer Abwechslung von klassisch bis exotisch, von reichhaltig bis kalorienarm. Drei der Suppen und Eintöpfe sind immer vegetarisch und es findet sich fast immer auch mindestens eine vegane Suppe im Programm. Dazu gibt es Bio-Limonaden.

Massenbergstr. 24, 44787 Bochum
Mo - Fr: 11:30 - 19:00 (außer an Feiertagen)

Weitere Infos: www.veganfreundlich.org/15

La Cucina

Bochum | In dem italienischen Restaurant La Cucina findet man typische Klassiker wie Pizza und Pasta aus ausschließlich frischen Zutaten. Neben den konventionellen Fleischgerichten erstellt das Küchenteam erstklassige vegane Gerichte, von verschiedenen Vorspeisen bis hin zu Pizzen mit Cashewcreme und einer veganen Wurstalternative.

Hans-Böckler-Str. 21, 44787 Bochum
Di - Do: 12:00 - 14:30, 17:30 - 22:30, Fr: 12:00 - 14:30, 17:30 - 23:30, Sa: 17:30 - 23:30, So: 17:30 - 22:30
Weitere Infos: www.veganfreundlich.org/464

Kugelpudel

Bochum | Die Eiscremebar bietet hausgemachtes Eis & Kuchen, Smoothies, Shakes sowie Cocktails aus regionalen und natürlichen Zutaten - ganz ohne künstliche Zusätze. Ein großer Teil der außergewöhnlichen Eigenkreationen ist vegan. Bei den Shakes und Cocktails gibt es viele verschiedene Kombinationsmöglichkeiten.

Dibergstr. 2, 44789 Bochum
Mo - Mi: 11:00 - 21:00, Do - Sa: 11:00 - 0:00, So: 11:00 - 21:00
Weitere Infos: www.veganfreundlich.org/10

imlee

Bochum | Imlee ist ein indisches Restaurant, in dem den vegetarischen Gerichten eine eigene Karte gewidmet wird. Vegane Gerichte sind als solche leicht erkennbar deklariert. Die Speisen werden aus frischen Zutaten zubereitet und können deshalb in verschiedenen Schärfegraden bestellt werden. Außer-Haus-Bestellungen sind ebenfalls möglich.

Wasserstr. 420 , 44795 Bochum
Mo - So: 11:30 - 14:30, 17:00 - 22:30

Weitere Infos: www.veganfreundlich.org/12

Café Konsumreform

Essen | Alternatives Cafe in Essen City. Das Speise- und Getränkangebot durchläuft alle Sparten. Es gibt zwar auch Fleisch, aber vegetarische und vegane Speisen machen ebenfalls einen Großteil der Speisekarte aus. Rohschokolade, Kuchen, Torten, vegane Kuchen und Waffeln - handgemachte Pralinen. Auch glutenfreie Speisen im Angebot.

Viehofer Str. 31, 45127 Essen
Mo - Sa: 11:00 - 20:00

Weitere Infos: www.veganfreundlich.org/81

Essen & Trinken

Reisen

Einkaufen

LiteraturCafe

Essen | Kleines nettes Café in der Stadtbibliothek Essen. Hier trifft man sich in entspannter Atmosphäre zum Tee oder Kaffee. Alle Kaffeespezialitäten können mit Sojamilch zubereitet werden. Außerdem gibt es immer veganes Frühstück sowie verschiedene warme vegane Speisen (vorwiegend Eintöpfe).

Hollestr. 3, 45127 Essen
Di - Fr: 10:00 - 19:00, Sa: 10:00 - 14:00

Weitere Infos: www.veganfreundlich.org/104

Bäckerei Troll

Essen | Die Bio-Bäckerei mit Imbissmöglichkeit bietet ein großes veganes Sortiment an herzhaften und süßen Speisen. Online kann man sich vorab über alle veganen Backwaren informieren. Sojamilch für Heißgetränke ist ebenfalls im Angebot und es können auch einige vegane Artikel wie beispielsweise Pflanzenmilch gekauft werden.

Rüttenscheider Str. 204, 45127 Essen
Mo - Fr: 7:00 - 18:00, Sa: 7:00 - 13:00

Weitere Infos: www.veganfreundlich.org/111

Cafe Nord

Essen | Das Cafe NORD ist seit 1991 eine Institution im Ruhrgebiet in Sachen Rock, Metal und Alternative. Seit 2013 werden jeden Dienstag vegane Specials angeboten, die alle 4 Wochen wechseln. Das Angebot reicht von Burgern, Quiche, Wirsingrouladen, Kürbispommes, Antipastiplatte, Seitan-Gulasch bis hin zu Waffeln, Shakes und grüne Smoothies.

Viehofer Platz 1, 45127 Essen
So - Do: 11:00 - 3:00, Fr - Sa: 11:00 - 4:00

Weitere Infos: www.veganfreundlich.org/351

Seitenblick - natürlich anders

Essen | „Seitenblick – natürlich anders" kocht ausschließlich frisch und saisonal. Die Gerichte sind frei von Geschmacksverstärkern, Farbstoffen, Konservierungsstoffen. Es wird auf regionale und Bio-Qualität Wert gelegt. Typisch Seitenblick: das zu jeder Mahlzeit servierte vegane Kartoffel-Birnen-Brot, sowie vegane Küchlein zum Kaffee – natürlich hausgemacht!

Trentelgasse 2 (hinter dem Grillo-Theater), 45127 Essen
Mo - So: 9:00 - 1:00

Weitere Infos: www.veganfreundlich.org/352

CoCoLÁ

Essen | Wer einen einzigartigen Ausflug in die authentisch vietnamesische Küche mitten in Essen-Rüttenscheid machen möchte, ist hier genau richtig. Die ausgefallenen Gerichte in dem besonderen Ambiente begeistern jeden Besucher aufs Neue. Vegetarische und vegane Speisen werden auf einer Extrakarte ausgeschrieben.

Kortumstr. 43, 45130 Essen
Di - Do: 11:30 - 15:00 & 17:00 - 22:00, Fr: 11:30 - 15:00 & 17:00 - 23:00, Sa: 17:00 - 23:00, So: 17:00 - 22:00
Weitere Infos: www.veganfreundlich.org/84

Zodiac

Essen | Vegetarische Spezialitäten aus 12 Ländern zubereitet mit Zutaten aus kontrolliert biologischem Anbau, natürlich auch vegan! Eine sehr stilvolle Oase, an dem sich Körper und Geist gleichermaßen erholen und erfrischen können. Direkt nebenan ist „Der kleine Zodiac", in dem man vegetarische und vegane Pizzen bekommt.

Witteringstr. 41, 45130 Essen
Mo - Mi: 18:00 - 0:00, Fr - So: 18:00 - 0:00

Weitere Infos: www.veganfreundlich.org/86

Der kleine Zodiac

Essen | Pizzeria mit ausschließlich vegetarischem und veganem Angebot. Alle Pizzen kann man auch mit Vollkornpizzaboden bestellen. Leider gibt es keinen Lieferservice, aber eine Abholung auf Vorbestellung ist möglich. Des Weiteren sind Salate und Nudelspezialitäten auf der Speisekarte zu finden. Nebenan befindet sich das „Zodiac".

Witteringstr. 43, 45130 Essen
Mo - Sa: 12:00 - 22:00, So: 15:00 - 22:00

Weitere Infos: www.veganfreundlich.org/87

Schichtbetrieb

Essen | Im Schichtbetrieb steht Qualität im Vordergrund. Für die einzigartigen Dessertkreationen werden nur hochwertige und regionale Zutaten verwendet. Alle Kaffeespezialitäten können auch mit Pflanzenmilch bestellt werden. Für Veganer gibt es außerdem Schichtdesserts mit veganer Creme sowie Frozen Yoghurt.

Rüttenscheider Str. 91, 45130 Essen
Mo - Fr: 9:00 - 20:00, Sa - So: 10:00 - 20:00

Weitere Infos: www.veganfreundlich.org/107

stoffwechsel

Essen | Gemäß der Herkunft des kulinarischen Zaubermeisters in der Küche liegt der Schwerpunkt im Bereich asiatischer Speisen à la Curry, Saté und Co. Nach dem Motto: „wir kochen was uns schmeckt“ hat das kleine Restaurant auch leckere Suppen, frische Salate und wechselnde Gerichte im Angebot - natürlich vegan.

Hedwigstr. 5, 45130 Essen
Di - Do: 17:00 - 0:00, Fr: 17:00 - 2:00, Sa: 10:00 - 2:00

Weitere Infos: www.veganfreundlich.org/109

Tofino

Essen | Das Burgerrestaurant Tofino bietet neben den konventionellen Burgern auch vegane Burger. Das Exemplar mit dem tollen Namen „Blumenburger“ ist der Vorreiter. Mit Bio-Brötchen, Salat, Tomaten, Gewürzgurken, selbst hergestellter Tofino Herb Soße, Zwiebeln und Sojabulette ist er ein absoluter Renner im Programm.

Witteringstr. 99, 45130 Essen
Mo - So: 12:00 - 22:00

Weitere Infos: www.veganfreundlich.org/353

Hans im Glück Rüttenscheid

Essen | Hans im Glück besticht mit einmaligem Ambiente und aufmerksamem Service und überrascht seine Gäste mit einer vielfältigen Auswahl an Burgerkreationen. Darunter ein veganer Burger, belegt mit würzigem Weizen-Bratling, Tomate, Rauke und Sprossen. Dazu schmecken die köstlichen Fritten und die hausgemachte Orangen-Senf-Soße.

Rüttenscheider Str. 203, 45131 Essen
Mo - So: ab 11:00 - ca. 1:00* (variiert je nach Standort leicht)
Weitere Infos: www.veganfreundlich.org/97

Sweet Coffee Pirates

Essen | Das Café bietet täglich wechselnde Torten (auch vegan), Salate sowie Bagels. Jeden Samstag und Sonntag wird außerdem ein opulentes Frühstück angeboten, das auf Wunsch auch vegan mit Klassikern wie Rührtofu und Brotaufstrichen serviert werden kann. Auf Vorbestellung kann man sich auch ganze Torten liefern lassen.

Rüttenscheiderstr. 218, 45131 Essen
Mo. - Sa.: 9:00 - 20:00, So. 10:00 - 19:00, im Winter: Mo-Sa: 9.00-19.00
Weitere Infos: www.veganfreundlich.org/110

Ma(h)l anders

Essen | Kleines, aber feines veganes Café im Essener Stadtwald mit üppigem Frühstück, verschiedenen Mittagsgerichten und einer leckeren Kuchenauswahl. Die beiden Inhaberinnen Ulla und Rieke achten bei der Auswahl der Zutaten vorwiegend auf frische Zutaten aus fairem Handel und ökologischem Anbau.

Forsthausstr. 9, 45134 Essen
Di - Fr: 12:00 - 18:00, Sa - So: 11:00 - 17:00

Weitere Infos: www.veganfreundlich.org/83

Funghi 3

Essen | Die Pizzeria bietet alle Pizzen auch mit veganer Salami und veganem Käse (Wilmersburger) an. Außerdem kann auch vegane Kräutermargarine zu den Pizzabrötchen bestellt werden. Weiterhin sind Reispfannen, Nudelgerichte sowie Salate im Angebot. Die Pizzeria bietet einen Lieferdienst im Essener Stadtgebiet an.

Rellinghauser Str. 177, 45136 Essen
Mo - Fr: 11:30 - 14:30, 17:00 - 23:00, Sa: 11:30 - 23:00, So: 13:00 - 23:00
Weitere Infos: www.veganfreundlich.org/106

Cigköftem

Essen | Çig köfte bedeutet „rohe Frikadellen" - mit Fleisch hat die türkische Spezialität hier aber nichts zu tun. Vielmehr wird sie aus Naturweizen, Tomatenmark, gemahlenen Chilischoten und 18 verschiedenen Gewürzen hergestellt. Im Fastfood-Restaurant-Stil wird den Gästen hier çig köfte vegetarisch, aber auch vegan serviert.

Altendorfer Str. 300, 45143 Essen
Mo - So: 12:00 - 22:00

Weitere Infos: www.veganfreundlich.org/204

why so serious?

Essen | Warum so ernst? Der alternative Imbiss! Fastfood vom Feinsten. Angeboten werden Klassiker wie Currywurst, Pommes und Burger. Die meisten Burger sind auch als vegetarische oder vegane Variante bestellbar. Es gibt ständig wechselnde Burgervarianten, die auf der Facebookseite vorgestellt werden. Selbst die Mayo gibt es in vegan.

Kölner Str. 3, 45145 Essen
Mo - Sa: 12:00 - 21:30, So: 16:00 - 21:30

Weitere Infos: www.veganfreundlich.org/79

VeganisierBar

Essen | Mitten im Ruhrgebiet, im Essener Stadtteil Frohnhausen, liegt die Veganisierbar, die ihren Gästen deftige Hausmannskost sowie Fastfood bietet. Wie der Name schon sagt, wird hier in gemütlicher Kneipenatmosphäre vegan gekocht. Neben dem Essen wird für Unterhaltung in Form von einem Kickertisch und Gesellschaftsspielen gesorgt.

Breslauer Str. 86, 45145 Essen
Di - Do, So: 16:30 - 23:00, Fr - Sa: 16:30 - 1:00

Weitere Infos: www.veganfreundlich.org/268

Delicious

Essen | Kleines rein vegetarisches Restaurant in Essen-Holsterhausen. Die Zutaten der Speisen stammen ausschließlich aus kontrolliert biologischem Anbau. Auf Wunsch werden gerne auch vegane Gerichte zubereitet. Typische Speisen sind afrikanische Gerichte sowie Pizza, Salate, Nudeln, Schupfnudeln, Maultaschen und Suppen.

Holsterhauser Str. 32a, 45147 Essen
Di - Fr 12:00 - 15:00 & 17:30 - 22:00, Sa - So: 14:00 - 22:00
Weitere Infos: www.veganfreundlich.org/85

Pizza Moji

Essen | Komplett vegetarische Pizzeria mit vielen ausgefallenen Kreationen. Alle Pizzen sind von Hause aus mit Dinkelteig zubereitet, können auf Wunsch aber auch mit Weizenvollkornmehl serviert werden. Zudem werden verschiedene Pastagerichte (ebenfalls Vollkorn), Salate sowie einige vegane Desserts angeboten.

Ludgerusstr. 3, 45239 Essen
Di - So: 12:00 - 22:00

Weitere Infos: www.veganfreundlich.org/105

Sorellis Frozen Yogurt&Eisbar

Essen | Hier bekommt man noch echtes Fruchteis und Sorbet! Dafür werden nur frische Früchte und naturbelassene Fruchtpürees verwendet. Der Fruchtanteil ist bei allen Fruchtsorten wesentlich höher als vorgeschrieben. Außerdem werden bei den Fruchtsorten weder Milch noch Milchbestandteile verwendet, sodass sie vegan sind.

Brückstr. 7, 45239 Essen
Mo - So: 11:00 - 19:00

Weitere Infos: www.veganfreundlich.org/108

Bäckerei Troll

Essen | Die Bio-Bäckerei mit Imbissmöglichkeit bietet ein großes veganes Sortiment an herzhaften und süßen Speisen. Online kann man sich vorab über alle veganen Backwaren informieren. Sojamilch für Heißgetränke ist ebenfalls im Angebot und es können auch einige vegane Artikel wie beispielsweise Pflanzenmilch gekauft werden.

Hufergasse 35, 45239 Essen
Mo - Fr: 8:00 - 18:00, Sa: 8:00 - 13:30

Weitere Infos: www.veganfreundlich.org/112

Café Fleischlos

Essen | Lecker vegan essen ohne sich Gedanken zu machen „was drin ist"? Kein Problem! Im Cafe Fleischlos gibt es von Montag bis Freitag immer zwei Mittagsgerichte zur Auswahl sowie etwas für „auf die Hand" z. B. Hot-Dogs, Burger oder Sandwichs und natürlich auch selbstgebackene Kuchen. Zudem gibt es vegane Lebensmittel zu kaufen.

Weidkamp 5, 45355 Essen
Mo - Fr: 10:00 - 18:00, Sa: 10:00 - 13:00

Weitere Infos: www.veganfreundlich.org/80

Komagene

Recklinghausen | Die weltweite Gastronomiekette mit mehr als 500 Filialen alleine in der Türkei und mittlerweile knapp ein Dutzend Filialen in Deutschland bietet rein vegane „Chee Köfte" an. Diese beliebten Bällchen bestehen u. a. aus Bulgur und werden kalt mit Salat und Tomaten in einem Wrap serviert. Wer gerne scharf isst, wird hier fündig.

Bochumerstr. 109, 45663 Recklinghausen
Mo - Do: 12:00 - 22:30, Fr - Sa: 12:00 - 0:00, So: 13:00 - 22:30
Weitere Infos: www.veganfreundlich.org/167

ÇIĞKÖFTEM.com
Since 1993

Cigköftem

Gelsenkirchen | Çig köfte bedeutet „rohe Frikadellen" - mit Fleisch hat die türkische Spezialität hier aber nichts zu tun. Vielmehr wird sie aus Naturweizen, Tomatenmark, gemahlenen Chilischoten und 18 verschiedenen Gewürzen hergestellt. Im Fastfood-Restaurant-Stil wird den Gästen hier çig köfte vegetarisch, aber auch vegan serviert.

Bismarckstr. 220, 45889 Gelsenkirchen
Mo - Do: 11:00 - 23:00, Fr - Sa: 11:00 - 0:00, So: 11:00 - 23:00
Weitere Infos: www.veganfreundlich.org/209

schmackofatz.
Vegan essen im druckluft e.V.

Schmackofatz

Oberhausen | Liebevoll zubereitete vegane Gaumenfreuden erwarten den hungrigen Gast im neuen Druckluft-Café Schmackofatz. Regionale und saisonale Gerichte bestimmen die Speisekarte. Die Kochcrew des Schmackofatz bietet mit kleinen Snacks und der wechselnden Wochenkarte eine kreative junge Küche an.

Am Förderturm 27, 46049 Oberhausen
Mi - Fr: 17:00 - 23:00 (Küche 18:00 - 21:00)

Weitere Infos: www.veganfreundlich.org/455

Bäckerei Troll

Oberhausen | Die Bio-Bäckerei mit Imbissmöglichkeit bietet ein großes veganes Sortiment an herzhaften und süßen Speisen. Online kann man sich vorab über alle veganen Backwaren informieren. Sojamilch für Heißgetränke ist ebenfalls im Angebot und es können auch einige vegane Artikel wie beispielsweise Pflanzenmilch gekauft werden.

Bahnhofstr. 21, 46145 Oberhausen
Mo - Fr: 8:00 - 18:00, Sa: 8:00 - 14:00

Weitere Infos: www.veganfreundlich.org/113

Petersilchen

Xanten | Mit fleischlosen Spezialitäten begeistert das Petersilchen seine Gäste inzwischen seit über 30 Jahren. Alle Speisen können auf Anfrage gerne vegan, laktosefrei oder glutenfrei zubereitet werden. Das Petersilchen bietet ein stilvolles Ambiente im Restaurant in Xanten sowie ein professionelles Catering für Events aller Art in ganz NRW.

Klever Str. 23-25, 46509 Xanten
Mi - So: 12:00 - 21:30 (Sommer), Mi - Fr: 17:30 - 21:30, Sa - So: 12:00 - 21:30 (Winter)
Weitere Infos: www.veganfreundlich.org/494

Canape´

Dinslaken | Bereits seit mehr als 20 Jahren besteht das kleine vegetarische Restaurant Canape´ in der Dinslakener Altstadt. Hier werden Vegetariern Gerichte der gehobenen Gastronomie serviert, aber auch Veganer kommen hier nicht zu kurz. Vegane Gerichte oder Gerichte die vegan möglich sind, sind mit (v) bzw. (vm) gekennzeichnet.

Gartenstr. 1, 46535 Dinslaken
Mi - Mo: 12:00 - 14:30, 18:00 - 23:30

Weitere Infos: www.veganfreundlich.org/63

Lolu

Duisburg | In dem vegetarischen Café findet man leckere Speisen für den kleinen und großen Hunger. Viele verschiedene Vor- und Hauptspeisen machen die Wahl schwer. Auch für Veganer sind hier viele Gerichte vorhanden. Insbesondere die verschiedenen Torten, von denen ebenfalls viele vegan sind, sind ein Traum. Alle sind natürlich hausgemacht.

Claubergstr. 12, 47051 Duisburg
Mo - Do: 10:00 - 21:00, Fr - Sa: 10:00 - 22:00, So: 12:00 - 21:00
Weitere Infos: www.veganfreundlich.org/78

Mexican Hat

Duisburg | Das Restaurant bietet authentische, frische mexikanisch-amerikanische Gerichte mit rein pflanzlichen Zutaten. Alle verwendeten Zutaten sind laktosefrei, cholesterinfrei, enthalten weder gentechnisch veränderte Nahrungsmittel, noch Geschmacksverstärker oder andere künstliche Zusätze. Mit Geschmack überzeugt der Mexican Hat.

Mülheimerstr. 178, 47057 Duisburg
Di - So: 12:00 - 21:00

Weitere Infos: www.veganfreundlich.org/82

Ungleich

Duisburg | Seit März 2012 gibt es im „ungleich“ diverse Fassbiere, wie auch Guinness und Cider frisch gezapft sowie leckere Cocktails (die auch vegan zubereitet werden können). Aus der Küche kommen leckere Speisen wie Hotdogs, Steinofenpizzen nach einem Spezialrezept, Burger, Salate und Fingerfood und all das auf Wunsch vegan.

Mülheimerstr. 166, 47057 Duisburg
Mo - Sa: ab 18:00

Weitere Infos: www.veganfreundlich.org/453

Bolleke

Duisburg | Gegründet wurde das Bolleke von zwei Belgiern, nach einer wechselvollen Geschichte ist es jetzt unter der Leitung von André Grühn und Daniel Lee. Hier kann man gemütlich ein Bierchen trinken, etwas leckeres Essen (gute vegane Auswahl!), darten und kickern. Immer neue Veranstaltungen und Live-Acts runden das Angebot ab.

Obermeidericher Str. 2, 47138 Duisburg
Di - Do: 18:00 - 1:00, Fr - Sa: 18:00 - 6:00, So: 18:00 - 1:00
Weitere Infos: www.veganfreundlich.org/664

Limericks

Krefeld | Das Limericks ist mal ein gemütlicher, mal ein laut brummender Irish Pub. Für den Hunger gibt es in der netten Gaststätte leckere Kleinigkeiten bis in die späten Abendstunden. Auch Vegetarier und Veganer kommen hier auf den Geschmack, selbstverständlich zum vernünftigen Preis. Suppen, Hauptspeisen und Desserts gibt es auch vegan.

Wiedenhofstr. 60, 47798 Krefeld
So - Do: 17:00 - 1:00, Fr - Sa: 17:00 - 3:00

Weitere Infos: www.veganfreundlich.org/592

Liesgen

Krefeld | Das Liesgen in Krefeld ist ein urgemütliches, rein vegetarisches Café mit einem Hang zu Vintage-Möbeln und geblümtem Porzellan. Es gibt täglich selbst gebackene, auch vegane und glutenfreie Kuchen, verschiedene Frühstücksvarianten, den besten veganen Pfannkuchen der Stadt und im Sommer auch veganes Eis.

Wiedenhofstr. 71, 47798 Krefeld
Di - So: 10:00 - 20:00

Weitere Infos: www.veganfreundlich.org/593

Cafe Marzipan

Krefeld | Seit bereits 2006 bietet das Cafe Marzipan einen Ort der Entspannung im Krefelder Alltag an. Hier wird auf Qualität großen Wert gelegt und so bekommt man neben ausgezeichnetem normalen Kaffee auch Kaffee aus biologischem und zudem noch fairem Anbau! Für Veganer gibt es Frühstück, Suppen, Kuchen und mehr.

Dionysiusplatz 6, 47798 Krefeld
Mo - Fr: 9:00 - 18:00, Sa: 9:00 - 16:00

Weitere Infos: www.veganfreundlich.org/594

Cigköftem

Krefeld | Çig köfte bedeutet „rohe Frikadellen" - mit Fleisch hat die türkische Spezialität hier aber nichts zu tun. Vielmehr wird sie aus Naturweizen, Tomatenmark, gemahlenen Chilischoten und verschiedenen Gewürzen hergestellt. Im Stil eines Fastfood-Restaurants wird den Gästen hier çig köfte vegetarisch, aber auch vegan serviert.

Südwall 29-31, 47798 Krefeld
bis spät abends

Weitere Infos: www.veganfreundlich.org/596

Krawummel

Münster | Neben herzhaften Sandwich- und Falafeltaschen, Suppen, Tagesgerichten und köstlichen Salaten werden in dem veganen Restaurant Krawummel täglich auch Muffins und Cupcakes mit Suchtfaktor angeboten. Alle Gerichte können auch in umweltfreundlichen Verpackungen mit nach Hause genommen werden. Dazu gibt es Bio-Limonaden.

Ludgeristr. 62, 48143 Münster
Mo - Fr: 11:30 - 22:00, Sa: 11:00 - 22:00

Weitere Infos: www.veganfreundlich.org/477

SpecOps network

Münster | Das SpecOps Netzwerk vereint Literaturcafe, Kulturclub und Buchhandlung zu einer chilligen Lokalität mit ständig stattfindenden Veranstaltungen, wie zum Beispiel Konzerte oder die grandiosen veganen Frühstücksbuffets an jedem dritten Sonntag im Monat. Zudem wird eine große vegane Frühstücks- und Tortenvielfalt angeboten.

Von-Vincke-Str. 5-7, 48143 Münster
täglich ab 14:00, So. ab 10:00 (Frühstück), 3. So im Monat 11:00 (veganer Brunch)
Weitere Infos: www.veganfreundlich.org/478

Café Malik

Münster | Das Café Malik bietet eine umfangreiche vegane Speisenauswahl an. Ein großer Teil der angebotenen Gerichte ist vegan, von Vorspeisen über Hauptgerichte bis zu Torten und Waffeln. Alle Kaffeespezialitäten sind gegen einen Aufpreis von 0,30 € auch mit Sojamilch erhältlich. Zum Frühstück gibt es selbstgemachten Grünkernaufstrich.

Schlossplatz 44, 48143 Münster
Mo - So: 9:00 - 1:00

Weitere Infos: www.veganfreundlich.org/479

Hans im Glück Münster

Münster | Hans im Glück besticht mit einmaligem Ambiente und aufmerksamem Service und überrascht seine Gäste mit einer vielfältigen Auswahl an Burgerkreationen. Darunter ein veganer Burger, belegt mit würzigem Weizen-Bratling, Tomate, Rauke und Sprossen. Dazu schmecken die köstlichen Fritten und die hausgemachte Orangen-Senf-Soße.

Salzstr. 24, 48143 Münster
Mo - So: ab 11:00 - ca. 1:00* (variiert je nach Standort leicht)
Weitere Infos: www.veganfreundlich.org/692

Cafe Garbo im Cinema

Münster | Die meisten Gerichte sind für Vegetarier/Innen, einige auch für Veganer/Innen geeignet. Jedoch wird im Café auch Fleisch angeboten. Der Schwerpunkt der Karte liegt auf Pasta und Pfannkuchen, Salaten und wechselnden Monatsgerichten aus verschiedenen Ländern. Ab 10 Uhr gibt es täglich ein üppiges Frühstücksangebot.

Warendorfer Str. 45, 48145 Münster
Täglich ab 10:00. Jedoch viele abweichende Öffnungszeiten.
Weitere Infos: www.veganfreundlich.org/57

Café Mamsell

Münster | Sämtliche Kuchen und Suppen werden von den Betreibern in Handarbeit liebevoll zubereitet. Die Zutaten dafür stammen fast ausschließlich aus kontrolliert biologischem Anbau. Das vegane Angebot umfasst Frühstück, eine wechselnde Tagessuppe, sowie eine große Auswahl an herrlich schmeckenden Kuchen und Tartes.

Hoyastr. 1a, 48147 Münster
Mo - So: 10:00 - 19:00 (im Sommer abends länger)

Weitere Infos: www.veganfreundlich.org/665

Fegefeuer

Münster | Das Fegefeuer eröffnete seine Pforten als Münsters erste und einzige mittelalterliche Taverne. Seitdem werden Gaumenfreuden vergangener Zeiten allabendlich bei Kerzenlicht serviert. Vegane Gerichte sind auf der Karte deutlich gekennzeichnet. Das sind Vorspeisen aber auch Hauptgerichte und Pfannkuchen.

Von-Kluck-Str. 15, 48151 Münster
Di - So: 18:00 - 1:00

Weitere Infos: www.veganfreundlich.org/480

Café Prütt

Münster | Im Prütt-Café gibt es bereits seit 28 Jahren frische, vegetarische Küche, einige Gerichte werden auch vegan zubereitet. Die Zutaten kommen wenn möglich von Bio-Höfen aus der Region. Es gibt ein täglich wechselndes Mittagsangebot. Bei gutem Wetter lädt der schöne Biergarten zum gemütlichen Verweilen ein.

Bremer Str. 32, 48155 Münster
Mo - Fr: 12:00 - 0:00, Sa - So: 10:00 - 0:00

Weitere Infos: www.veganfreundlich.org/683

Trattoria „Am Rathaus“

Osnabrück | Die Bio-zertifizierte Trattoria im Herzen Osnabrücks, gelegen in historischer Kulisse direkt am Rathaus, ist das vegane Highlight der Stadt. Eine ganze Karte wird hier den veganen Speisen gewidmet. Cappuccino, heiße Schokolade, erlesene Weine, Pizzen, Tofugerichte oder glutenfreie Speisen lassen sich problemlos vegan bestellen.

Markt 8, 49074 Osnabrück
Mo: 17:00 - 23:00, Di - So: 12:00 - 23:00

Weitere Infos: www.veganfreundlich.org/552

Schlecks

Osnabrück | Im Schlecks wird das Eis auf einem kalten Stein mit den gewünschten Zutaten vermengt. Die Eiswaffeln (z. B. mit Schokosoße und Krokant bestrichen) sind genauso vegan, wie die vielen verschiedenen Fruchteissorten sowie das Schoko- und Vanilleeis auf Sojabasis. Im Geschäft hängt eine Liste mit allen veganen Süßigkeiten aus.

Redlinger Str. 13, 49074 Osnabrück
Mo - Sa: 11:00 - 20:00, So: 12:00 - 20:00

Weitere Infos: www.veganfreundlich.org/553

Bunte Burger

Köln | Bunte Burger - der Name ist Programm. Vorbei sind die Zeiten langweiliger Burger. Bei dem Foodtruck, der an wechselnden Orten zu finden ist, findet man diverse Burger wie den leckeren Alpen-Burger, einen feurigen TexMex-Burger, den Italian- oder Asia-Burger mit unterschiedlichen Bratlingen und jeweils thematisch passendem Belag.

(mobil), 50667 Köln
(Öffnungszeiten siehe Webseite)

Weitere Infos: www.veganfreundlich.org/155

Naturkost Vier Jahreszeiten

Köln | Das im Biomarkt integrierte Bistro bietet täglich wechselnden vollwertigen Mittagstisch an. Viele Gerichte der Karte sind vegetarisch und vegan sowie übersichtlich gekennzeichnet. Dazu wird eine umfangreiche Auswahl vom Buffet geboten: Rohkost, Pasta, vegetarische Burger, gegrilltes Gemüse, grüne Salate - und alles natürlich in Bio-Qualität.

Herzogstr. 34, 50667 Köln
Mo - Fr: 10:00 - 19:00, Sa: 10:00 - 18:00

Weitere Infos: www.veganfreundlich.org/180

Café Hibiskus

Köln | Im Café Hibiskus wird Wert auf die Zubereitung frischer Produkte gelegt, die nach Möglichkeit aus der Region stammen und saisonal angepasst sind, oft auch in Bio-Qualität. Der Bio-Kaffee aus fairem Handel kommt aus der Kölner Rösterei moxxa.caffé. Alle Speisen (Torten, Quiche, Suppen, Salate etc.) sind komplett vegan.

Ritterstr. 52, 50668 Köln
Di - So: 12:00 - 18:00

Weitere Infos: www.veganfreundlich.org/168

Freddy Schilling

Köln | Freddy Schilling – Die Hamburger Manufaktur ist ein Burgerrestaurant mit zwei Filialen in Köln. Angeboten werden auch vegetarische und vegane Burger mit hausgemachten Soßen, die man auch im Glas kaufen kann. Die Burger werden auf Lavakohle gegrillt und auf Wunsch im Weizenvollkorn- oder Roggenbrötchen serviert.

Eigelstein 147, 50668 Köln
So - Do: 12:00 - 22:00, Fr - Sa: 12:00 - 23:00

Weitere Infos: www.veganfreundlich.org/175

Osho´s Place

Köln | Osho's Place ist ein vegetarisches Selbstbedienungsrestaurant. Es bietet täglich wechselnde internationale Gerichte aus rein vegetarischen Zutaten. Produkte wie Seitan, Tofu und Tempeh werden dabei als Eiweißträger verwendet. Sonntags gibt es von 10:30 Uhr bis 14:30 Uhr ein Brunch-Buffet. Einige vegane Produkte gibt es ebenfalls.

Venloer Str. 5-7, 50672 Köln
So - Do: 8:00 - 22:30, Fr - Sa: 8:00 - 0:00

Weitere Infos: www.veganfreundlich.org/67

Hans im Glück Am Ring

Köln | Hans im Glück besticht mit einmaligem Ambiente und aufmerksamem Service und überrascht seine Gäste mit einer vielfältigen Auswahl an Burgerkreationen. Darunter ein veganer Burger, belegt mit würzigem Weizen-Bratling, Tomate, Rauke und Sprossen. Dazu schmecken die köstlichen Fritten und die hausgemachte Orangen-Senf-Soße.

Hohenzollernring 38-40, 50672 Köln
Mo - So: ab 11:00 - ca. 1:00* (variiert je nach Standort leicht)
Weitere Infos: www.veganfreundlich.org/89

Vegane Zeiten
oo % pflanzliche Lebensmittel und mehr...
Veyerstr. 29-31, 50676 Köln
Tel.: 0221-168 55 224
Mo.-Sa. 11-19 Uhr
ww.vegane-zeiten.de
nfo@vegane-zeiten.de
Goldene Zeiten sind Vegane Zeiten
Vegane Zeiten sind Goldene Zeiten

Wir sind da, wenn
Tiere uns brauchen!
Deutsches
Tierschutzbüro
Wir retten Tiere.
DOKUMENTIEREN · RECHERCHIEREN · HANDEL
post@tierschutzbuero.de · www.tierschutzbuero.de

Banyan

Köln | Das Event-Café mit einem angegliederten Shop, der dazu einlädt, auf eine Entdeckungsreise zu gehen, bietet verschiedene Kaffeespezialitäten, außergewöhnliche Getränke (auch Bio), sowie biologische, vegetarische, vegane und auch glutenfreie Speisen. So findet man beispielsweise Burger, Quiches und Kuchen im Angebot.

Venloer Staße 5-7, 50672 Köln
Mo - Fr: 7:00 - 20:00 Uhr, Sa: 10:30 - 20:00, So: 10:30 - 18:00
Weitere Infos: www.veganfreundlich.org/171

Signor Verde

Köln | 100 % vegan! Dazu vreundlich, vair und verrückt. In Kölns ältester milchfreier Caffèbar gibt es neben den original italienischen Caffèspezialitäten auch Kuchen, Torten, Eis und eine wechselnde Tageskarte. Donnerstags lädt Herr Grün zum traditionellen „Dönerstag" und am Wochenende gibt es Vrühstück bis 15 Uhr.

Otto-Fischer-Str. 1, 50674 Köln
Di - Fr: 12:00 - 22:00, Sa: 11:00 - 22:00, So: 11:00 - 18:00
Weitere Infos: www.veganfreundlich.org/157

Well Being

Köln | Gesunde asiatische Kochkunst auf höchstem Niveau; frische, leichte Zutaten liebevoll auf den Teller gebracht. Keine Geschmacksverstärker, künstliche Zusatzstoffe und keine genveränderten Lebensmittel. Alle servierten Speisen sind rein vegan und werden auf Wunsch auch glutenfrei oder in Rohkostqualität zubereitet.

Brabanter Str. 9, 50674 Köln
Di - Fr:: 11:30 - 15:00, 17:00 - 22:00, Sa: 12:00 - 22:30, So: 15:00 - 22:00
Weitere Infos: www.veganfreundlich.org/158

Govardhan

Köln | Das rein vegetarische Restaurant bietet abwechslungsreiche Kost nordindisch-afghanischer Art. Als Fleischersatz werden Seitan und Tofu angeboten. Alle Gerichte kann man sich nach Belieben zusammenstellen. Neben der Familienküche findet man auch ausgewählte ayurvedische Produkte wie Kosmetik, Literatur, Musik und Gewürze.

Roonstr. 3, 50674 Köln
Mo - Sa: 12:00 - 22:00
Weitere Infos: www.veganfreundlich.org/169

PICK-A-PEA

Köln | PICK-A-PEA bietet hausgemachte Suppen und Eintöpfe, Quiches, Burger, Pommes, Bratwürste. Auch Vegetarier und Veganer kommen hier voll auf ihre kulinarischen Kosten, da alle Fleischgerichte auch in der veganen Variante erhältlich sind und diese sogar günstiger sind als die unvegane Variante. Alle Speisen sind in Bio-Qualität.

Lindenstr. 48, 50674 Köln
Mo - Fr: 11:30 - 16:00

Weitere Infos: www.veganfreundlich.org/173

Freddy Schilling

Köln | Freddy Schilling – Die Hamburger Manufaktur ist ein Burgerrestaurant mit zwei Filialen in Köln. Angeboten werden auch vegetarische und vegane Burger mit hausgemachten Soßen, die man auch im Glas kaufen kann. Die Burger werden auf Lavakohle gegrillt und auf Wunsch im Weizenvollkorn- oder Roggenbrötchen serviert.

Kyffhäuserstr. 34, 50674 Köln
So - Do: 12:00 - 22:00, Fr - Sa: 12:00 - 23:00

Weitere Infos: www.veganfreundlich.org/174

cafecafe

Köln | Das cafecafe bietet eine umfangreiche Auswahl an heißen und kalten Getränken sowie täglich wechselnden Mittagstisch, von dem mindestens ein Gericht (meistens ein Eintopf) vegan ist. Alle Kaffeespezialitäten können gegen einen geringen Aufpreis mit Sojamilch zubereitet werden. Des Weiteren werden Smoothies angeboten.

Aachener Str. 45, 50674 Köln
Mo - Fr: 7:00 - 19:00, Sa: 9:00 - 18:00

Weitere Infos: www.veganfreundlich.org/179

kravalski
Küche Café Bar

Kravalski

Köln | Das Kravalski ist der neue Tipp für hochwertige Gastronomie in entspannter, familiärer Atmosphäre. Mittags gibt es täglich wechselnde Gerichte, wovon immer mindestens eins samt Vorspeise vegan gekennzeichnet und zubereitet ist. Dabei handelt es sich oft um ausgefallene Kreationen, die man sonst selten im Restaurant findet.

Aachener Str. 20, 50674 Köln
Mo - Sa: 17:00 - 0:00, So: 13:00 - 22:00

Weitere Infos: www.veganfreundlich.org/183

chweine können sich ihren Namen bereits im Alter von 2-3 Wochen merken und darauf agieren, sobald sie ihn hören.

Schweine lieben es zu kuscheln und schlafen gerne Nase an Nase.

Schweine gehören zu den intelligentesten Tieren (nach Schimpansen, Delfinen und Elefanten)

Schweine fühlen Schmerz und Liebe.

Schweine kommunizieren miteinander und lernen voneinander.

Schweine können lösungsorientiert denken, also ihr Handeln an verschiedene Situationen anpassen.

chweine sind saubere Tiere. alls sie genug Platz haben, ntleeren sie sich nicht an ssens- oder Schlafplätzen.

Schweine können Videospiele spielen.

Schweine verfügen über ein langes Gedächtnis.

Schweine besitzen ausgeklügelte kognitive Fähigkeiten, bessere als Hunde oder 3jährige Menschenbabys.

60 Millionen Schweine werden in Deutschland pro Jahr geschlachtet. Rund 500.000 davon werden pro Jahr fälschlicherweise lebend gesiedet. Muttersauen werden in der Regel in körpergroßen Käfigen gehalten, um ein herumdrehen zu vermeiden. Auf diese Form der Haltung reagieren die Säue zunächst mit heftigen Ausbruchsversuchen, die nicht selten zu Verletzungen führen.

www.earthlings.de

my Indigo

Köln | Schnell, gesund und vielseitig. Ideal für alle, die wenig Zeit haben, sich aber trotzdem bewusst ernähren möchten. Von Sushi und Curry über Suppen und Salate bis Couscous und mehr, bietet my Indigo eine breite Auswahl an vegetarischen und veganen Gerichten. Das Motto: Addicted to the energy of a smile – Oasen voller Energie und Lebensfreude.

Habsburgerring 28, 50674 Köln
Mo - Sa: 11:00 - 22:00

Weitere Infos: www.veganfreundlich.org/325

Guten Abend

Köln | Seit 9 Jahren gibt es das Guten Abend am schönen Brüsseler Platz in Köln. Das Guten Abend ist eines der wenigen Restaurants in NRW, bei dem nicht nur ein Teil, sondern alle Zutaten Bio zertifiziert sind. Einen Teil der 14 tägig wechselnden Karte machen vegetarische und vegane Gerichte aus, die es nicht überall gibt.

Brüsseler Str. 55, 50674 Köln
Küche täglich 17:00 bis 23:00, Fr - Sa: bis 0:00

Weitere Infos: www.veganfreundlich.org/680

ecco

Köln | Das ecco bietet täglich frisch zubereitete Speisen von lokal-kreativ bis international-klassisch. Den veganen Gerichten wird hier eine eigene Karte gewidmet, die alles vom Frühstück (süß oder herzhaft) bis hin zum Mittagstisch und Abendgerichten bietet. Der Kaffee ist fair gehandelt, der Tee stets per Hand abgefüllt.

Kartäuserwall 7-11, 50678 Köln
Mo - Sa: 9:00 - 1:00, So: 10:00 - 20:00

Weitere Infos: www.veganfreundlich.org/172

Saint Louis

Köln | Natürliche Zutaten und der bewusste Verzicht auf künstliche Zusatzstoffe – das ist die Philosophie von Saint Louis. Alle Suppen, Salate und Sandwiches werden jeden Tag frisch gefertigt. Auf der Menükarte finden sich vegane ausgefallene Sandwichkreationen und Salate. Alle Speisen können selbstverständlich auch mitgenommen werden.

Deutzer Freiheit 89, 50679 Köln
Mo - Fr: 8:00 - 19:00, Sa: 10:00 - 18:00

Weitere Infos: www.veganfreundlich.org/185

Selam

Köln | Das Spezialitätenrestaurant bietet Speisen der äthiopischen Küche, wovon viele generell vegetarisch sind. Alle auf der Speisekarte angebotenen vegetarischen Gerichte sind auch direkt vegan. Das Getränkeangebot umfasst afrikanische Weine, Gewürztee, Fruchtschnäpse sowie saisonal äthiopisches Bier.

Ehrenfeldgürtel 91, 50823 Köln
Di - Fr: 17:00 - 0:00, Sa - So: 16:00 - 0:00

Weitere Infos: www.veganfreundlich.org/176

cafecafe

Köln | Das cafecafe bietet eine umfangreiche Auswahl an heißen und kalten Getränken sowie täglich wechselnden Mittagstisch, von dem mindestens ein Gericht (meistens ein Eintopf) vegan ist. Alle Kaffeespezialitäten können gegen einen geringen Aufpreis mit Sojamilch zubereitet werden. Des Weiteren werden Smoothies angeboten.

Venloer Str. 206, 50823 Köln
Mo - Fr: 8:00 - 18:00, Sa - So: 10:00 - 18:00

Weitere Infos: www.veganfreundlich.org/178

MeiWok V

Köln | Das MeiWok bietet beste vegane asiatische Küche in Verbindung mit Gemüse aus kontrolliert-biologischem Anbau. Alle Soßen und Pasten werden selbst hergestellt, da das MeiWok zusätzlich auch auf Konservierungsstoffe, Zusatzstoffe und Geschmacksverstärker verzichtet. Zudem werden auch grüne Bio-Smoothies frisch zubereitet.

Venloer Str. 384, 50825 Köln
Mo - Fr: 12:00 - 22:00, Sa - So: 13:00 - 22:00

Weitere Infos: www.veganfreundlich.org/44

Komagene

Köln | Die weltweite Gastronomiekette mit mehr als 500 Filialen alleine in der Türkei und mittlerweile knapp ein Dutzend Filialen in Deutschland bietet rein vegane „Chee Köfte" an. Diese beliebten Bällchen bestehen u. a. aus Bulgur und werden kalt mit Salat und Tomaten in einem Wrap serviert. Wer gerne scharf isst, wird hier fündig.

Venloerstr. 448, 50825 Köln
(Öffnungszeiten siehe Webseite)

Weitere Infos: www.veganfreundlich.org/165

Café Rotkehlchen

Köln | Das Café Rotkehlchen ist ein sehr gemütliches Café in Ehrenfeld. Das vielfältige Sortiment besteht aus verschiedenen Frühstücksvariationen, Snacks, Salaten, täglich wechselnden veganen Tagesgerichten, Kuchen und leckerem Gebäck. In den herzhaften Gerichten findet man oft Fleischalternativen wie Sojawürste, Tofu oder Seitan.

Venloer Str. 400, 50825 Köln
Di - Fr: 9:00 - 19:00, Sa - So: 10:00 - 19:00

Weitere Infos: www.veganfreundlich.org/177

Maarhof

Köln | Maarhof, das erste kölsche Steakhaus steht für Liebe zum Essen und ein echtes kölsches Lebensgefühl. Vegane Speisen wie die gebratenen Tofu-Medaillons oder die Knollenpfanne sind auf der Karte mit einem gelben Smiley gekennzeichnet. Dazu werden frisch gepresste Säfte und Kaffee aus lokalen Kaffeeröstereien gereicht.

Maarweg 221, 50825 Köln
Mo - So: 11:00 - 14:30, 17:00 - 23:00

Weitere Infos: www.veganfreundlich.org/307

Bäckerei Troll

Köln | Die Bio-Bäckerei mit Imbissmöglichkeit bietet ein großes veganes Sortiment an herzhaften und süßen Speisen. Online kann man sich vorab über alle veganen Backwaren informieren. Sojamilch für Heißgetränke ist ebenfalls im Angebot. Diese Filiale befindet sich im Denns BioMarkt, in dem es ebenfalls viele vegane Artikel gibt.

Dürenerstr. 160, 50931 Köln
Mo - Sa: 8:00 - 20:00

Weitere Infos: www.veganfreundlich.org/115

Vreiheit

Köln | Bereits seit 2001 versorgt das Café im Herzen von Mülheim die Gäste mit Leckereien. Im Juli 2010 haben Sarah Meister und Ingo Thommes die Leitung des Vreiheits übernommen, ihm ein Herz gegeben und das Konzept aus Café, Restaurant und Bar beibehalten. Die veganen Speisen (vieles in Bioqualität) haben hier sogar eine eigene kleine Kategorie.

Wallstr. 91, 51063 Köln
Mo - Sa: 9:00 - 0:00, So: 10:00 - 0:00

Weitere Infos: www.veganfreundlich.org/305

Café Fatsch

Köln | Das Café versteht sich nicht nur als veganes Café mit fairem Kaffee und Tee, Kuchen & Tagesgerichten, sondern auch als linkspolitisches Projekt. Die Geschäftsführer_innen arbeiten unentgeltlich als Kollektiv zusammen und werden von vielen lieben Menschen unterstützt! Es gibt öfter Veranstaltungen (Konzerte, linkspolitische Vorträge etc.).

Josephskirchstr. 25, 51103 Köln
Do - Fr: 15:00 - 19:00, Sa - So: 13:00 - 19:00

Weitere Infos: www.veganfreundlich.org/159

Trash Chic

Köln | Täglich ab 16:00 Uhr gibt es viele vegane Gerichte in der Kölner Szenekneipe. Dank der Fleisch- und Käsealternativen können zum Beispiel selbst Burger oder Chilli&Cheese-Fries vegan zubereitet werden, ohne dass man etwas vermisst. Bei gutem Wetter kann man hier auch im Außenbereich sitzen. Getränke gibt es immer bis 2 Uhr.

Wiersbergstr. 31, 51103 Köln
So - Mi: 16:00 - 23:00, Do - Sa: 16:00 - 23:30

Weitere Infos: www.veganfreundlich.org/170

Pfannenzauber

Aachen | Mit rund 60 Sitzplätzen in gemütlicher und außergewöhnlicher Atmosphäre bietet das Restaurant täglich wechselnde Gerichte in verschiedenen Preisklassen, welche auf Wunsch auch zu Menüs zusammengestellt werden können. Alle Gerichte sind rein pflanzlich, ohne künstliche Geschmacksverstärker und ohne künstliche Aromen.

Suermondtplatz 12, 52062 Aachen
Mo - Do: 12:00 - 14:30, 18:00 - 21:30, Fr - Sa: 12:00 - 21:30
Weitere Infos: www.veganfreundlich.org/1

Akl

Aachen | Das libanesische Spezialitätenrestaurant befindet sich direkt am Markt und bietet orientalische Speisen wie Falafel, Hoummus, Samosas oder Muhammara an. Die Philosophie des Teams beinhaltet, frische und selbst zubereitete Speisen nach eigener Rezeptur anzubieten. Dies bedeutet auch der komplette Verzicht auf Fertigprodukte.

Pontstr. 1-3, 52062 Aachen
Mo - Sa: 12:00 - 23:00

Weitere Infos: www.veganfreundlich.org/654

CassiusGarten

Bonn | In der vegetarischen Vollwertküche und Konditorei des CassiusGarten bleibt die schönste Zutat stets erhalten: der Geschmack. Ihr Essen stellen sich die Gäste selbst zusammen. Zur Auswahl stehen: 60 Salate, 20 warme Gerichte, 10 frische Säfte, 8 Desserts, Kuchen, Törtchen und vieles mehr. Vieles davon ist auch vegan.

Maximilianstr. 28d, 53111 Bonn
Mo - Sa: 11:00 - 20:00 (Restaurant), 8:00 - 20:00 (Café)

Weitere Infos: www.veganfreundlich.org/19

Makiman 1

Bonn | Makiman steht für eine frische, gesunde Küche, die hauptsächlich auf japanischen und koreanischen Rezepturen, welche durch thailändische und auch indische Einflüsse ergänzt werden, basiert. Alle Speisen enthalten kein Glutamat. Viele der angebotenen Speisen sind vegetarisch und vegan, diese sind auf der Karte gekennzeichnet.

Sterntorbrücke 11, 53111 Bonn
Mo - Do: 12:00 - 15:00, 17:00 - 23:00, Fr - Sa: 12:00 - 23:30, So: 16:00 - 21:30
Weitere Infos: www.veganfreundlich.org/21

MoschMosch

Bonn | MoschMosch ist eine Nudelbar im Stil eines japanischen Wirtshauses mit über 10 Filialen. Vegane und vegetarische Gerichte sind auf der Karte gekennzeichnet. Neben Vorspeisen sind Ramen-Suppen, japanische Weizennudeln mit verschiedenen Brühen und Einlagen wie Tofu und besondere Salate im Angebot. Auch online bestellbar.

Kesselgasse 2, 53111 Bonn
Mo - Sa: 11:00 - 23:00, So: 12:00 - 22:00

Weitere Infos: www.veganfreundlich.org/23

Cigköftem

Bonn | Çig köfte bedeutet „rohe Frikadellen“ - mit Fleisch hat die türkische Spezialität hier aber nichts zu tun. Vielmehr wird sie aus Naturweizen, Tomatenmark, gemahlenen Chilischoten und 18 verschiedenen Gewürzen hergestellt. Im Fastfood-Restaurant-Stil wird den Gästen hier çig köfte vegetarisch, aber auch vegan serviert.

Am Hauptbahnhof, 53111 Bonn
Mo - So: 9:00 - 21:00

Weitere Infos: www.veganfreundlich.org/193

Makiman 2

Bonn | Makiman steht für eine frische, gesunde Küche, die hauptsächlich auf japanischen und koreanischen Rezepturen, welche durch thailändische und auch indische Einflüsse ergänzt werden, basiert. Alle Speisen enthalten kein Glutamat. Viele der angebotenen Speisen sind vegetarisch und vegan, diese sind auf der Karte gekennzeichnet.

Ermekeilstr. 28, 53113 Bonn
Di - So: 17:00 - 23:00

Weitere Infos: www.veganfreundlich.org/22

Café von & zu

Bonn | Verschiedene Steinofenpizzen (mit veganem Käse) sowie „Veganes aus aller Welt" finden sich auf der Speisekarte wieder. Zusätzlich zur üblichen Karte gibt es ab 21 Uhr täglich günstiges „Studentenessen", jedoch auch für die nicht eingeschriebenen Studenten. Von den sechs Gerichten sind zwei vegan und zwei vegetarisch.

Bonner Talweg 77, 53115 Bonn
Mo - Fr: 11:00 - 1:00, Sa: 12:00 - 1:00, So: 10:30 - 0:00

Weitere Infos: www.veganfreundlich.org/18

Mae´s Café

Bonn | Das Mae´s ist ein rein veganes Café in Bonn. Das Angebot umfasst neben einem süßen und herzhaften Frühstücksangebot auch Sandwichs, Salate, Cupcakes (auch glutenfrei), Kuchen sowie eine riesige Getränkeauswahl. Samstags gibt es einen Brunch und am Sonntagnachmittag nur einen Cafébetrieb mit Kaffee und Kuchen.

Königstr. 78, 53115 Bonn
Mo - Do: 10:00 - 18:00, Fr: 10:00 - 22:00, Samstagsbrunch 9:00 - 16:00
Weitere Infos: www.veganfreundlich.org/20

Grün

Bad Neuenahr-Ahrweiler | Im Restaurant „grün" werden ausschließlich Zutaten aus kontrolliert-biologischem Anbau verwendet, die aus dem Naturkostfachgeschäft Le Romarin bezogen werden. Auf der Speisekarte sind vegane Gerichte als solche gekennzeichnet. Auch die wechselnden Tagesgerichte können vegan oder vegetarisch bestellt werden.

Jesuitenstr. 9, 53474 Bad Neuenahr-Ahrweiler
Di: 11:00 - 14:30, 18:00 - 21:30, Mi - So: 11:00 - 14:30, 17:00 - 21:30
Weitere Infos: www.veganfreundlich.org/4

Eissalon Da Jerry

Bad Neuenahr-Ahrweiler | Der italienische Eissalon „Da Jerry" bietet verschiedene Eiskreationen mit und ohne Alkohol an. Darunter gibt es auch viele Eissorten auf Basis von Sojamilch. Mit Obst und Soßen kann man sich so einen veganen Eisbecher zusammenstellen. Das Café ist in den Sommermonaten täglich geöffnet.

Telegrafenstr. 35, 53474 Bad Neuenahr-Ahrweiler
Mo - So: 9:00 - 21:30 (ab Frühling)

Weitere Infos: www.veganfreundlich.org/657

Naturkost Vier Jahreszeiten

Bad Honnef | Das im Biomarkt integrierte Bistro bietet täglich wechselnden vollwertigen Mittagstisch an. Viele Gerichte der Karte sind vegetarisch und vegan sowie übersichtlich gekennzeichnet. Dazu wird eine umfangreiche Auswahl vom Buffet geboten: Rohkost, Pasta, vegetarische Burger, gegrilltes Gemüse, grüne Salate - und alles natürlich in Bio-Qualität.

Rhöndorfer Str. 40, 53604 Bad Honnef
Mo - Fr: 8:00 - 18:30, Sa: 8:00 - 18:00

Weitere Infos: www.veganfreundlich.org/181

Naturkost Vier Jahreszeiten

Sankt Augustin | Das im Biomarkt integrierte Bistro bietet täglich wechselnden vollwertigen Mittagstisch an. Viele Gerichte der Karte sind vegetarisch und vegan sowie gekennzeichnet. Dazu wird eine umfangreiche Auswahl vom Buffet geboten: Rohkost, Pasta, vegetarische Burger, gegrilltes Gemüse, grüne Salate - und alles natürlich in Bio-Qualität.

Siegstr. 22, 53757 Sankt Augustin
Mo - Fr: 8:00 - 20:00, Sa: 8:00 - 18:00

Weitere Infos: www.veganfreundlich.org/182

Dolce Cielo

Trier | Im Café Dolce cielo gibt es alles, was das vegane Herz begehrt. Nicht nur alle Milchgetränke können laktosefrei bzw. mit Sojamilch zubereitet werden, auch die Trinkschokoladen, Eisbecher, Torten, Cake-Pops, Kuchen, Pralinen, herzhafte Ciabattas, Suppen und vieles mehr kann man ganz ohne tierische Zutaten genießen.

Neustr. 27, 54290 Trier
Di - Sa: 9:00 - 18:00, Apr - Sep: auch So: 13:00 - 18:00

Weitere Infos: www.veganfreundlich.org/520

NewK3

Trier | Das Restaurant serviert Speisen die man sonst aus thailändischen und indischen Garküchen kennt. Die wöchentlich wechselnde Speisekarte kann vorab auf der Webseite eingesehen werden. Dort ist auch gekennzeichnet, welche Gerichte vegan sind. Vegane Speisen sind beispielsweise Falafel, Frühlingsrollen oder gebratene Nudeln.

Karl-Marx-Str. 27, 54290 Trier
Mo - Fr: 11:15 - 14:00

Weitere Infos: www.veganfreundlich.org/555

Die Weinstube

Zeltingen-Rachtig | In der Weinstube, Deutschlands erstem komplett veganen Restaurant in einem Hotel, kann man nachhaltig genießen. Die angebotenen Gerichte sind typische Klassiker, jedoch vegan. Saisonale und regionale Zutaten bestimmen das Menü. So werden z. B. Pilz- und Spargelgerichte zur passenden Jahreszeit angeboten.

Uferallee 7, 54492 Zeltingen-Rachtig
Mi - Do: 18:00 - 22:00, Fr - So: 12:00 - 14:30, 18:00 - 22:00
Weitere Infos: www.veganfreundlich.org/493

Don Vito Vegan

Morbach | Merscheid ist ein idyllisch gelegenes Dorf am Fuße des Haardtkopfs (Hunsrück). An jedem Wochenende bietet das Restaurant in einer liebevoll renovierten Scheune, in gemütlichem Ambiente ein wechselndes, saisonales Angebot an leckeren Vorspeisen, Hauptgerichten und Desserts. Alles hausgemacht, alles vegan.

Sankt-Georg-Weg 1, 54497 Morbach
Sa: 18:00 - 22:00, So: 12:00 - 22:00

Weitere Infos: www.veganfreundlich.org/675

MoschMosch

Mainz | MoschMosch ist eine Nudelbar im Stil eines japanischen Wirtshauses mit über 10 Filialen. Vegane und vegetarische Gerichte sind auf der Karte gekennzeichnet. Neben Vorspeisen sind Ramen-Suppen, japanische Weizennudeln mit verschiedenen Brühen und Einlagen wie Tofu und besondere Salate im Angebot. Auch online bestellbar.

Mailandsgasse 3, 55116 Mainz
Mo - Sa: 11:00 - 23:00, So: 13:00 - 22:00

Weitere Infos: www.veganfreundlich.org/28

café blumen

Mainz | Das Café bietet täglich frisch zubereitete Suppen, kleine Salate und gegrillte Focaccias, darunter auch vegane und vegetarische. Sehr beliebt ist die große Auswahl hausgemachter Kuchen. Fest im Sortiment sind vegane Brownies und der Schoko-Bananen-Kuchen. Zudem werden immer neue Sorten ausprobiert. Das Café hat die ganze Nacht geöffnet.

Große Bleiche 60-62, 55116 Mainz
Mo: 8:00 - 4:00, Di: 8:00 - 3:00, Mi, Fr: 8:00 - 6:00, Do: 8:00 - 5:00, Sa: 9:00 - 6:00, So: 10:00 - 22:00
Weitere Infos: www.veganfreundlich.org/501

dicke lilli, gutes kind

Mainz | Den Preis für den witzigsten Namen gewinnt das Café auf jeden Fall und auch bei den Speisen spielt es ganz weit vorne mit. Das Sortiment beinhaltet Quiches, Kuchen sowie Krustenbrote von der Mainzer Altstadtbäckerei Vetters mit hausgemachten Aufstrichen. Jeden Sonntag wird ein großes veganes Frühstück angeboten.

Breidenbacherstr. 9, 55116 Mainz
Di - Do: 9:00 - 22:00, Fr: 9:00 - 0:00, Sa: 10:00 - 0:00, So: 10:00 - 18:00
Weitere Infos: www.veganfreundlich.org/502

Eco Café

Möhren Milieu Eco Café

Mainz | Das Möhren Milieu ist jetzt auch sesshaft! In der Mainzer Neustadt wurde das kleine Eco Café eröffnet. Neben Snacks, frischen Säften, Superfood-Shakes und roh-veganem Kuchen, gibt es auch vegane und glutenfreie Lebensmittel, viele davon auch in Rohkostqualität. Sonntags (10 - 15 Uhr) wird ein roh-veganer Brunch angeboten.

Adam-Karrillon-Str. 5, 55118 Mainz
(Öffnungszeiten siehe Webseite)

Weitere Infos: www.veganfreundlich.org/358

N´Eis – das Neustadteis

Mainz | In der kleinen Eismanufaktur werden besonders ausgefallene Eissorten mit hochwertigen Zutaten und ohne künstliche Zusatzstoffe hergestellt. Alle Fruchteissorten sind Sorbets. Zudem gibt es ein veganes Schokoladeneis auf Sojamilchbasis. Die kleine Auswahl wechselt täglich. Die aktuellen Sorten findet man auf der facebook-Seite.

Gartenfeldplatz 12, 55118 Mainz
Sommer: Mo - Sa: 11 - 20, So: 13 - 18, Winter: Mo - Sa: 11 - 18, So: 12 - 17, Januar & Februar geschlossen
Weitere Infos: www.veganfreundlich.org/503

Möhren Milieu Foodtruck

Mainz | Saisonal, regional, glutenfrei und natürlich rein vegan. Das ist der Foodtruck vom Möhren Milieu, der auf Volksfesten und Wochenmärkten unterwegs ist. Verkauft werden frisch zubereitete, ausgefallene und 100 % vegane Gerichte. Die neusten Termine findet man auf der Homepage oder auf der Facebook Seite.

(mobil - siehe Webseite), 55118 Mainz
(Öffnungszeiten siehe Webseite)

Weitere Infos: www.veganfreundlich.org/505

La Passione

Wörrstadt | Die Pizzeria bietet typisch italienische Klassiker wie Pizzen, Pasta und Desserts an. Seit 2014 ist ein großer Teil der Speisen vegan und vegetarisch. Wichtig ist dem Küchenteam dabei, dass unvegane Zutaten nicht einfach weggelassen, sondern durch hochwertige vegane Produkte wie Veggie-Räucherspeck und Käse der Marke Wilmersburger ersetzt werden.

Hermannstraße 58, 55286 Wörrstadt
Mo - Fr, So: 11:30 - 14:00, 17:30 - 22:00

Weitere Infos: www.veganfreundlich.org/184

Mare Nero

Wörrstadt | Typisch italienische Küche mit Pizza- und Pastagerichten. Die italienische Küche lernte der Inhaber Hayri erstmals 1981 kennen. Durch seine Faszination zum Kochen lernte er die Kultur, Speisen und die Sprache der Italiener und lebt dies bis heute aus. Vegane Pizzen werden hier auf Wunsch mit veganem Käse und Wurst belegt.

Obere Schulstr. 2, 55286 Wörrstadt
Mi, Sa, So: 17:30 - 22:30, Di, Do, Fr: 11:30 - 14:30, 17:30 - 22:30
Weitere Infos: www.veganfreundlich.org/656

Radieschen

Bad Kreuznach | Im Herzen der Altstadt von Bad Kreuznach, direkt am Zwingelbrunnen, befindet sich die neue und exklusive Veggie-Snackbar Radieschen. Täglich gibt es ein vegetarisches Mittagsgericht sowie Speisen der Standardkarte (Burger, Paninis) und Süßes. Zudem werden diverse Softgetränke sowie Smoothies angeboten.

Mannheimer Str. 64, 55545 Bad Kreuznach
Di - Sa: 10:00 - 19:00

Weitere Infos: www.veganfreundlich.org/674

Café Bistro Pfefferminzje

Koblenz | In der Mehlgasse, eine der schönsten Gassen der historischen Altstadt in Koblenz, liegt das Bistro Pfefferminzje mit seiner gemütlichen Außenterrasse im Brunnenhof. Die Auswahl reicht von klassisch bis experimentell – fair gehandelt, aus biologischem Anbau und auch vegetarisch/vegan. Ein Besuch ist immer ein Erlebnis.

Mehlgasse 12, 56068 Koblenz
Mi - Do: 9:30 - 21:00, Fr - So: 9:30 - 22:00

Weitere Infos: www.veganfreundlich.org/62

Cafe Miljöö

Koblenz | Das Cafe Miljöö liegt mitten im Herzen der Koblenzer Altstadt. Auf der Speisekarte finden sich vegetarische und vegane Speisen wieder. Ebenso erhält man ein veganes Frühstück oder auch einen leckeren selbstgebackenen veganen Kuchen. Getränke können auch mit laktosefreier Sojamilch bestellt werden.

Gemüsegasse 8, 56068 Koblenz
Mo - So: 9:00 - 1:00

Weitere Infos: www.veganfreundlich.org/597

Café Bistro Mundial

Hagen | Das Café Bistro Mundial mit Außenterrasse in einer grünen Oase direkt am Rathaus bietet seit über 20 Jahren ganztägig vegetarischen Mittagstisch mit zwei bis drei Tagesgerichten an, von denen mindestens eins immer vegan ist. Getränke und Salate sind bio oder fair gehandelt, das Tagesgericht hat eine detaillierte Zutatenliste.

Potthofstr. 22, 58095 Hagen
Mo - Fr: 10:00 - 22:00, Sa: 10:00 - 18:00

Weitere Infos: www.veganfreundlich.org/45

Cigköftem

Hagen | Çig köfte bedeutet „rohe Frikadellen“ - mit Fleisch hat die türkische Spezialität hier aber nichts zu tun. Vielmehr wird sie aus Naturweizen, Tomatenmark, gemahlenen Chilischoten und 18 verschiedenen Gewürzen hergestellt. Im Fastfood- Restaurant-Stil wird den Gästen hier çig köfte vegetarisch, aber auch vegan serviert.

Bergischer Ring 1, 58095 Hagen
Mo - Do: 11:00 - 22:00, Fr - Sa: 11:00 - 0:00, So: 13:00 - 22:00
Weitere Infos: www.veganfreundlich.org/194

Suppen-Fabrik

Witten | Jede Woche werden verschiedene frische Suppen und Eintöpfe gekocht. Dabei gibt es immer Abwechslung von klassisch bis exotisch, von reichhaltig bis kalorienarm. Drei der Suppen und Eintöpfe sind immer vegetarisch und es findet sich fast immer auch mindestens eine vegane Suppe im Programm. Dazu gibt es Bio-Limonaden.

Ruhrstr. 3, 58452 Witten
Mo - Fr: 11:30 - 19:00 (außer an Feiertagen)

Weitere Infos: www.veganfreundlich.org/16

Live Vegan

Iserlohn | Ob nach erledigtem Einkauf als Entspannung oder für den schnellen Imbiss – das Live Vegan lädt jeden Gast ein, Selbstgemachtes aus frischen und pflanzlichen Zutaten als Alternative zu Fleisch, Cholesterin und industriell hergestellten Fertigerzeugnissen kennen zu lernen. Die Speisekarte bietet jetzt noch mehr Auswahl bei Wraps und Burgern.

Rahmenstr. 10, 58638 Iserlohn
Mo - Fr: 6:30 - 18:30, Sa: 11:00 - 18:30, So: 14:00 - 18:30

Weitere Infos: www.veganfreundlich.org/612

La Döner

Hamm | Die Tore sind geöffnet! LA Döner bringt ein neues Gefühl und neue Phantasie aus der türkischen Küche mit. Das Team freut sich sehr, in Hamm den 100 % veganen Royal Veggie Döner, Pizza (ebenfalls vegan) und Falafel anbieten zu können. Dazu gibt es Salate, Beilagen und Kaltgetränke. In Hamm gibt es außerdem einen Lieferservice.

Roonstr..59, 59065 Hamm
Mo: 17:00 - 21:00, Di - Do: 12:00 - 22:00, Fr: 12:00 - 0:00, Sa: 13:00 - 0:00, So: 13:00 - 21:00
Weitere Infos: www.veganfreundlich.org/616

Komagene

Bergkamen | Die weltweite Gastronomiekette mit mehr als 500 Filialen alleine in der Türkei und mittlerweile knapp ein Dutzend Filialen in Deutschland bietet rein vegane „Chee Köfte" an. Diese beliebten Bällchen bestehen u. a. aus Bulgur und werden kalt mit Salat und Tomaten in einem Wrap serviert. Wer gerne scharf isst, wird hier fündig.

Präsidentstaße 55, 59192 Bergkamen
Mo - Sa: 09:00 - 22:00, So: 12:00 - 22:00

Weitere Infos: www.veganfreundlich.org/164

Salädchen

Soest | Eine Salatkreation ganz nach eigenem Wunsch bietet die Salatbar in der Stiftstraße an. Durch die Vielzahl an angebotenen Zutaten und diversen Dressings kann sich jeder Gast seinen ganz individuellen Lieblingssalat zusammenstellen. Dazu werden verschiedene warme Speisen wie Suppen angeboten, von denen auch einige vegan sind.

Stiftstr. 2, 59494 Soest
9:00 - 21:00

Weitere Infos: www.veganfreundlich.org/120

MoschMosch

Frankfurt | MoschMosch ist eine Nudelbar im Stil eines japanischen Wirtshauses. Vegane und vegetarische Gerichte sind auf der Karte gekennzeichnet. Filialen: 1.) Baseler Arkaden (Wilhelm-Leuschner-Str. 78), 2.) Goetheplatz 2, 3.) Europaviertel (Europa-Allee 20) sowie am Frankfurt Flughafen Terminal 1 & 2.

Goetheplatz 2, 60311 Frankfurt
Mo - Sa: 11:00 - 23:00, Öffnungszeiten im Flughafen: Mo - So: 8:00 - 22:30
Weitere Infos: www.veganfreundlich.org/26

Naschwerkstatt

Frankfurt | Auf der Speisekarte der Naschwerkstatt finden sich verschiedene vegetarische Gerichte. Auch zwei vegane Suppen werden angeboten. Diese sind mit einem (v) gekennzeichnet. Außerdem gibt es noch Tee von Samova, Bio-Eis sowie Limonaden von LemonAid, TAU, ChariTea, BellaLula und Wostok sowie Gewürze & Eingemachtes.

Alte Gasse 27, 60313 Frankfurt
Mo - Fr: 9:30 - 18:00, Sa: 11:00 - 18:00

Weitere Infos: www.veganfreundlich.org/326

Heidi und Paul

Frankfurt | Ob knackige Salate, heiße Suppen oder handgedrehte Wraps ohne Geschmacksverstärker und Konservierungsstoffe – hier können alle Frische-Gourmets fast unbeschwert genießen. „Fast" deshalb, weil die Anzahl veganer und vegetarischer Burger noch sehr gering ist. Großer Wert wird auf Frische und regionale Herkunft gelegt.

Meisengasse 12, 60313 Frankfurt
Mo - Sa: 11:00 - 21:00

Weitere Infos: www.veganfreundlich.org/340

Rag Bar

Frankfurt | Die im Untergeschoss der Zeilgalerie gelegene Rohkostbar bietet frisch gepresste Säfte, Açaí Bowls, grüne Smoothies, Wheatgrass Shots und vegane Rohkost-Shakes. Dazu eine Vielzahl von verschiedenen Rohkostkreationen wie Kuchen, Pralinen, Riegel sowie Rohkostspeisen wie Lasagne, Burger, Cannelloni und Torten.

Zeil 112-114, Zeilgalerie, 60313 Frankfurt
Mo: 13:00 - 20:00, Di - Sa: 10:00 - 20:00

Weitere Infos: www.veganfreundlich.org/631

Ginkgo

Frankfurt | Seit der Eröffnung im Sommer 1996 arbeitet das ginkgo als Familienbetrieb täglich daran den Gästen vom Frühstück im Garten bis zur letzten Runde an der Bar alles zu bieten. Das Highlight ist der Bohnen-Karottenburger mit Tomaten, Rucola und Mangobalsam im Sesambrötchen. Zudem gibt es vegane Kuchen und Frühstück.

Bergerstr. 81, 60316 Frankfurt
Mo - Do: 9:00 - 0:00, Fr - Sa: 9:00 - 0:45, So: 9:00 - 0:00

Weitere Infos: www.veganfreundlich.org/318

GUTDING

Frankfurt | Die GUTDING Philosophie erklärt sich am Besten durch den Restaurantnamen selbst, denn in die Speisen kommen viele „Gute Dinge" als Zutaten. Vegane Speisen sind auf der Karte beschriftet. Vegan bestellen kann man beispielsweise Tacos, Sandwiches, Burritos, Currys oder Salate. Zudem gibt es fair gehandelte Limo.

Sandweg 10, 60316 Frankfurt
Mo - Fr: 11:30 - 21:00

Weitere Infos: www.veganfreundlich.org/319

Pistazie

Frankfurt | Im persischen Restaurant Pistazie gibt es eine komplette Karte für vegane und vegetarische Gerichte. Auf Wunsch werden aber auch die meisten anderen Gerichte vegan zubereitet, indem z. B. Fleisch durch Tofu ersetzt wird. Wer Appetit auf ausgefallene Salatkreationen hat, wird hier bei Zutaten wie Granatäpfeln und Couscous fündig.

Baumweg 20 , 60316 Frankfurt
Mo - Fr: 17:00 - 23:00, Sa - So: 12:00 - 23:00

Weitere Infos: www.veganfreundlich.org/330

Suppengrün

Frankfurt | Frische Suppen, knackige Salate, Quiche, Kuchen & Kaffee sowie weitere Tagesangebote werden ständig selbst zubereitet. Da die Zutaten je nach Saison und regionaler Verfügbarkeit variieren, gibt es ein ständig wechselndes Angebot. Vegane Suppen sind gekennzeichnet. Das Gemüse wird vom benachbarten Bioladen Main Gemüse bezogen.

Berger Straße 26, 60316 Frankfurt
Mo - Fr: 11:30 - 16:00, Sa: 12:00 - 16:00

Weitere Infos: www.veganfreundlich.org/334

Wiesenlust

Frankfurt | Im Burger-Restaurant Wiesenlust kann man sich seinen Burger selbst zusammenstellen. Auf der Speisekarte sind alle veganen Gerichte deutlich gekennzeichnet. Vegan sind z. B. der Grünkern-Mandel-Burger, verschiedene Soßen (auch Mayonnaise), frittierte Grünkern-Mandel-Bällchen, Salate, Chili sin Carne und mehr.

Berger Str. 77, 60316 Frankfurt
Mo - Do: 11:00 - 23:00, Fr - Sa: 11:00 - 1:00, So: 11:00 - 23:00
Weitere Infos: www.veganfreundlich.org/337

labouche

Frankfurt | Das in unmittelbare Nähe zum FH-Campus gelegene Bistro bietet Köstliches im Bereich des Slow-Foods an. Die Speisen sind überwiegend fair, bio und nachhaltig. Vegane Gerichte sind auf der Speisekarte mit drei Sternen gekennzeichnet und können auch glutenfrei oder makrobiotisch zubereitet werden.

Kleiststr. 39, 60318 Frankfurt
Mo - Fr: 10:00 - 18:00, So: 9:00 - 17:00 (Frühstück & Kuchen)
Weitere Infos: www.veganfreundlich.org/323

Salädchen

Frankfurt | Salädchen wurde von Freunden gegründet, die eine Leidenschaft für gute und frische Lebensmittel besitzen. Hier kann man das Essen ganz nach der eigenen Vorstellung zusammenstellen lassen. Dazu wählt man aus bis zu 45 frischen Zutaten aus, die nicht nur im Salat, sondern auch auf der Ofenknolle oder als Einlage in der Suppe lecker schmecken.

Bockenheimer Landstr. 43, 60325 Frankfurt
Mo - Fr: 10:00 - 20:00

Weitere Infos: www.veganfreundlich.org/235

Cigköftem

Frankfurt | Çig köfte bedeutet „rohe Frikadellen“ - mit Fleisch hat die türkische Spezialität hier aber nichts zu tun. Vielmehr wird sie aus Naturweizen, Tomatenmark, gemahlenen Chilischoten und 18 verschiedenen Gewürzen hergestellt. Im Fastfood-Restaurant-Stil wird den Gästen hier çig köfte vegetarisch, aber auch vegan serviert.

Münchenerstr. 20, 60329 Frankfurt
Mo - Do: 11:30 - 22:00, Fr - Sa: 11:30 - 23:00, So: 13:30 - 22:00
Weitere Infos: www.veganfreundlich.org/206

my Indigo

Frankfurt | Schnell, gesund und vielseitig. Ideal für alle, die wenig Zeit haben, sich aber trotzdem bewusst ernähren möchten. Von Sushi und Curry über Suppen und Salate bis Couscous und mehr, bietet my Indigo eine breite Auswahl an vegetarischen und veganen Gerichten. Das Motto: Addicted to the energy of a smile – Oasen voller Energie und Lebensfreude.

Am Hauptbahnhof, 60329 Frankfurt
Mo - So: 7:00 - 22:00
Weitere Infos: www.veganfreundlich.org/311

SEOULFOOD

Frankfurt | Seoulfood ist die neue kulinarische „Good-Food Kreation.“ Die koreanische Küche bietet vielfältige Möglichkeiten für gesundes Essen und so präsentiert das neue kleine Restaurant dem Speisenden eine breite Palette aus gesunden Zutaten wie Gemüse, verschiedene Reissorten, Tofu und eigens zubereiteten Soßen.

Weserstr. 17, 60329 Frankfurt
Mo - Sa: 11:00 - 22:00, auch Lieferservice in FFM
Weitere Infos: www.veganfreundlich.org/332

Bio-Metzgerei Michael Spahn

Frankfurt | Metzgerei mit vielen veganen Fleischalternativen im Angebot. Verschiedene warme Speisen wie Veggie-Frikadellen oder Rouladen werden hier neben den „üblichen“ Fleischprodukten verkauft. Außerdem gibt es Aufschnitt, Würste und Salate zum Mitnehmen, sowie einen rein veganen Onlineshop mit Versandmöglichkeit.

Berger Str. 222, 60385 Frankfurt
Mo - Fr: 7:30 - 19:00; Sa: 7:30 - 16:00
Weitere Infos: www.veganfreundlich.org/2

Edelkiosk

Frankfurt | Im Edelkiosk gibt es frisch gebackene süße und herzhafte Backwaren sowie ein sehr umfangreiches Frühstücksangebot an Wochenenden. Alle Backwaren werden mit Bio-Dinkelmehl und Rohrohrzucker zubereitet. Kaffeespezialitäten gibt es mit Soja- oder Mandeldrink. Der Shop bietet Kaltgetränke, Eis, Schokoriegel und vieles mehr.

Rhönstr. 119, 60385 Frankfurt
Di - Fr: 10:00 - 19:00, Sa - So: 10:00 - 18:00

Weitere Infos: www.veganfreundlich.org/313

Sesamo

Frankfurt | Healthy-Food, rein vegan - zum Genießen vor Ort oder schnell zum Mitnehmen ins Büro. Die gesamte Bandbreite der Gerichte wird tagesfrisch von Hand zubereitet, ohne dabei Zusatzstoffe und Geschmacksverstärker sowie schockgefrorene Ware zu verwenden. Das Bistro mit Backshop befindet sich in dem veganen Supermarkt Veganz.

Spessartstr. 2, 60385 Frankfurt
Mo - Sa: 8:00 - 20:00

Weitere Infos: www.veganfreundlich.org/333

Bootshaus Fechenheim

Frankfurt | Die Gaststätte Bootshaus bietet eine moderne und bodenständige Küche mit mediterraner Note, ergänzt durch regionaler, hessisch-frankfurter Küche. Viele vegetarische und vegane Speisen sind bereits auf der Karte zu finden, aber auf Wunsch können andere Gerichte umgestaltet und vegan serviert werden.

Fechenheimer Leinpfad 1, 60386 Frankfurt
Di - Fr: 17:00 - 22:30, Sa - So: 11:30 - 22:30

Weitere Infos: www.veganfreundlich.org/316

Chimichurri

Frankfurt | Von der Vorspeise, über leckere und ständig wechselnde Hauptspeisen bis hin zu Desserts ist hier alles rein vegan. Angeboten werden knackige Salate, phantasievoll gefüllte Panini, bis hin zu köstlichen Desserts. Sonntags gibt es von 10 bis 15 Uhr einen all-you-can-eat Brunch, mit süßen und herzhaften Speisen .

Im Prüfling 63, 60389 Frankfurt
Di - Fr: 18:00 - 23:00, Sa: 18:00 - 0:00, So: 10:00 - 23:00

Weitere Infos: www.veganfreundlich.org/46

Wondergood

Frankfurt | Wondergood steht für Gastronomie der besonderen Art: Neben Fans der veganen Küche finden auch Allergiker, Rohköstler aber auch Experimentierfreudige wechselnde Hauptspeisen und Desserts. Wondergood setzt dabei auf rein pflanzliche und möglichst ethisch unbedenklich hergestellte und nachhaltige Produkte.

Preungesheimerstr. 1, 60389 Frankfurt
Mo: 18:00 - 23:00, Di - Do: 12:00 - 15:00, 18:00 - 23:00,
Fr - Sa: 12:00 - 15:00, 18:00 - 0:00
Weitere Infos: www.veganfreundlich.org/338

Arche Nova

Frankfurt | Am südlichen Rande des Frankfurter Stadtteils Bockenheim liegt das Ökohaus, in dem auch die „Arche Nova“ beheimatet ist. Angeboten werden (auch vegane und vegetarische) persische Gerichte, die geschmacklich mit der indischen oder fernöstlichen Küche verwandt, allerdings bei Weitem nicht so scharf sind.

Kasseler Str. 1a, 60486 Frankfurt
Mo - Sa: 12:00 - 0:00, So: 12:00 - 18:00

Weitere Infos: www.veganfreundlich.org/308

Burrito Bande

Frankfurt | SlowFastFood - das kombiniert die Qualität von frisch gekochtem, leckerem Essen aus besten Lebensmitteln mit den Vorteilen von mobilem Fastfood. Alle Zutaten für den Burrito werden sorgfältig ausgewählt und mit Liebe schonend zubereitet. Unter den Burritos befindet sich auch eine leckere vegane Burrito-Variante mit Soja-Hack.

siehe www.burritobande.de/standorte/, 60486 Frankfurt
(Öffnungszeiten siehe Webseite)

Weitere Infos: www.veganfreundlich.org/310

Frankfurt and Friends

Frankfurt | Den veganen Gerichten wird hier eine ganze Seite auf der Karte gewidmet, auf der neben Kichererbsentaler, auch Salate, Auberginenmousse, glutenfreie Pasta oder hausgemachte Panini angeboten werden. Ebenfalls vegan ist das selbstgemachte Brot. Für die wärmeren Tage gibt es eine Sommerterrasse mit herrlicher Aussicht.

Jordanstr. 1, 60486 Frankfurt
Mo - Fr: ab 12:00, Sa - So: ab 11:00

Weitere Infos: www.veganfreundlich.org/315

Veggie House

Frankfurt | Das Veggie House steht für eine ausgezeichnete Küche mit höchsten Ansprüchen. Im stilvollen Ambiente des Ladenlokals werden sowohl indische Spezialitäten, als auch italienische Speisen serviert. Alle Speisen sind vegetarisch, sehr viele davon auch vegan. Das Geschäft bietet auch einen Lieferdienst in Frankfurt an.

Schlossstr. 125, 60487 Frankfurt
Mo - Fr: 11:00 - 14:00, 17:00 - 23:00, Sa - So: 16:00 - 23:00
Weitere Infos: www.veganfreundlich.org/336

savory

Frankfurt | Schnell Essen fassen oder gemütlich speisen? Auf jeden Fall lecker, gesund und vegan - das geht ganz einfach im savory, dem ersten veganen Imbiss und Take-away in Frankfurt. Das umfangreiche Frühstück, verschiedene Hauptgerichte sowie Muffins und andere Süßspeisen in netter Atmosphäre lassen den Alltagsstress leicht vergessen.

Burgfriedenstr. 2, 60489 Frankfurt
Di - Mi: 11:30 - 19:00, Do: 10:00 - 21:00, Fr: 10:00 - 19:00, Sa: 10:00 - 17:00
Weitere Infos: www.veganfreundlich.org/128

ALTE MÜHLE

Bad Vilbel | Die ALTE MÜHLE bietet nicht nur wechselnde Veranstaltungen in den Bereichen Kabarett, Kleinkunst, Chanson, Lesungen und Konzerte, sondern auch ausgezeichnetes Essen in dem integrierten Restaurantcafé. Der täglich wechselnde Mittagstisch bietet immer mindestens ein veganes Gericht, ebenso die Abend- und Dessertkarte.

Lohstr. 13, 61118 Bad Vilbel
Mo: 17:00 - 1:00, Di - Sa: 11:00 - 1:00, So: 10:00 - 12:00

Weitere Infos: www.veganfreundlich.org/341

La Piazza Toscana

Bad Homburg | Das vegane Angebot erstreckt sich von Vorspeisen über Pizzen bis hin zu Desserts. Alle Gerichte sind auch mit Fleischalternativen und veganem Käse bestellbar. Auf Wunsch bekommt man auch glutenfreie Pasta und Pizza. Alle Gerichte können im nahen Umkreis von Bad Homburg auch geliefert werden.

Rathausplatz 3-7, 61348 Bad Homburg
Mo - Sa: 11:30 - 15:00, 18:00 - 23:00, So: 18:00 - 23:00

Weitere Infos: www.veganfreundlich.org/6

Apfelkern & Kolibri

Bad Homburg | Im Apfelkern & Kolibri gibt es vegane Gemüsekuchen, Quiche, Suppen, herzhafte Crepes sowie süße Leckereien wie Waffeln, Crepes und ein wechselndes Angebot hausgemachter Kuchen und Muffins. Gekocht und gebacken wird ohne tierische Produkte und nur mit biologischen und regionalen Zutaten.

Schwedenpfad 6, 61348 Bad Homburg
Di - Do: 10:00 - 18:00; Fr - Sa: 10:00 - 20:00; So: 10:00 - 18:00
Weitere Infos: www.veganfreundlich.org/7

U-Bahn-Stop

Bad Homburg | Veganer Imbiss, direkt an der U-Bahnstation Bad Homburg - Gonzenheim. Ab 5 Uhr (Samstags ab 6 Uhr) bekommt man Kaffeespezialitäten mit Pflanzenmilch, belegte Brötchen, Burger, Muffins oder Currywurst. Auf der Karte finden sich verschiedene Tagesangebote.

Frankfurter Landstr. 94, 61352 Bad Homburg
Mo - Fr: 5:00 - 17:30, Sa: 6:00 - 12:00
Weitere Infos: www.veganfreundlich.org/5

MoschMosch

Darmstadt | MoschMosch ist eine Nudelbar im Stil eines japanischen Wirtshauses mit über 10 Filialen. Vegane und vegetarische Gerichte sind auf der Karte gekennzeichnet. Neben Vorspeisen sind Ramen-Suppen, japanische Weizennudeln mit verschiedenen Brühen und Einlagen wie Tofu und besondere Salate im Angebot. Auch online bestellbar.

Marktplatz 13, 64283 Darmstadt
Mo - Sa: 11:00 - 23:00, So: 13:00 - 22:00
Weitere Infos: www.veganfreundlich.org/24

Radieschen

Darmstadt | Das Radieschen wurde bereits vor rund zwanzig Jahren in Darmstadt-Eberstadt eröffnet. Auf der Karte finden sich ausschließlich vegetarische und vegane Gerichte wieder. Vom marinierten, frittierten Tofu mit kanarischer roter Soße bis hin zum Kardamom-Feigen-Dessert und frischen Smoothies kann vieles vegan zubereitet werden.

Reuterallee 37, 64297 Darmstadt
So - Fr: 12:00 - 15:00, ab 18:00, Sa: ab 18:00
Weitere Infos: www.veganfreundlich.org/643

KofibaR

Weiterstadt | Die KofibaR bietet französische Gerichte wie Quiches, Tartes, Flammkuchen, Galettes (Buchweizen), Salate, Crêpes und mehr. Durch die angebotenen Komponenten kann jeder Gast seine Speisen zusammenstellen. Etliche Quiches werden vegetarisch oder vegan angeboten. Ausgewählte Weine und Tees runden das Sortiment ab.

Arheilger Str. 26, 64331 Weiterstadt
Aktuelle Öffnungszeiten können der Webseite entnommen werden (variieren).
Weitere Infos: www.veganfreundlich.org/644

MoschMosch

Wiesbaden | MoschMosch ist eine Nudelbar im Stil eines japanischen Wirtshauses mit über 10 Filialen. Vegane und vegetarische Gerichte sind auf der Karte gekennzeichnet. Neben Vorspeisen sind Ramen- Suppen, japanische Weizennudeln mit verschiedenen Brühen und Einlagen wie Tofu und besondere Salate im Angebot. Auch online bestellbar.

Wilhelmstr. 52d / Kaiser Friedrich Platz, 65183 Wiesbaden
Mo - Sa: 11:00 - 23:00, So: 13:00 - 22:00

Weitere Infos: www.veganfreundlich.org/29

Cigköftem

Wiesbaden | Çig köfte bedeutet „rohe Frikadellen" - mit Fleisch hat die türkische Spezialität hier aber nichts zu tun. Viel mehr wird sie aus Naturweizen, Tomatenmark, gemahlenen Chilischoten und 18 verschiedenen Gewürzen hergestellt. Im Fastfood-Restaurant-Stil wird den Gästen hier çig köfte vegetarisch, aber auch vegan serviert.

Schwalbacher Str. 57, 65183 Wiesbaden
(Öffnungszeiten siehe Webseite)

Weitere Infos: www.veganfreundlich.org/203

Lalaland

Wiesbaden | Das Lalaland wurde ins Leben gerufen, um Familien einen liebevollen Ort zu geben, an dem Kinder fantastische Geschichten erleben können. So gehört das Lalaland Café jetzt schon zu den liebevollsten Orten in Wiesbaden und ist mit den Kaffeespezialitäten und den leckeren französischen Galettes (auch vegan) ein Genuss für alle Sinne.

Friedrichstr. 57, 65185 Wiesbaden
Mo - Fr: 9:00 - 19:00, Sa - So: 9:00 - 18:00

Weitere Infos: www.veganfreundlich.org/500

Heidi und Paul

Eschborn | Ob knackige Salate, heiße Suppen oder handgedrehte Wraps ohne Geschmacksverstärker und Konservierungsstoffe – hier können alle Frische-Gourmets fast unbeschwert genießen. „Fast" deshalb, weil die Anzahl veganer und vegetarischer Burger noch sehr gering ist. Großer Wert wird auf Frische und regionale Herkunft gelegt.

Unterortstraße 29, 65760 Eschborn
Mo - Sa: 10:00 - 23:00

Weitere Infos: www.veganfreundlich.org/302

Giggle Pea

Frankfurt | Das besondere am Giggle Pea ist, dass die leckeren Speisen wie Hummus, Falafel, die feinen Saucen und das Pita Brot selbstgemacht sind und täglich frisch zubereitet werden. Der Imbiss verzichtet auf Konservierungsstoffe und Geschmacksverstärker. Weitere Highlights sind die Süßkartoffel- Pommes und die frische Minzlimonade.

Brüningstr. 17, 65929 Frankfurt
Mo - Fr: 9:00 - 19:00, So: 12:00 - 18:00

Weitere Infos: www.veganfreundlich.org/288

moccachili

Saarbrücken | Angeboten wird täglich ein wechselnder Bio-Mittagstisch. Das Besondere an der Speisekarte ist, dass ohne eindeutigen Hinweis auf Fleisch oder Wurst, alle Gerichte vegetarisch zubereitet sind. Vegane Gerichte sind zudem durch ein (*) gekennzeichnet. Alle Zutaten stammen aus kontrolliert biologischem Anbau.

Evangelisch-Kirch-Str. 8, 66111 Saarbrücken
Mo - Sa: 9:00 - 20:00, So: 14:00 - 18:00

Weitere Infos: www.veganfreundlich.org/661

BistRoh

Speyer | Im BistRoh spiegelt sich die Vielfalt der veganen Rohkostküche: Vorspeisen, Hauptgerichte und Desserts, wie zum Beispiel: Smoothies, Fingerfood, Suppen, Salate, Pizza, Gemüselasagne sowie Café-Angebote wie Tee, Kaffee, Kuchen und Eiskreationen der besonderen Art. Alle Zubereitungen gibt es auch zum Mitnehmen.

Birkenweg 2, 67346 Speyer
Di - Fr: 10:00 - 19:00

Weitere Infos: www.veganfreundlich.org/673

Cigköftem

Mannheim | Çig köfte bedeutet „rohe Frikadellen“ - mit Fleisch hat die türkische Spezialität hier aber nichts zu tun. Vielmehr wird sie aus Naturweizen, Tomatenmark, gemahlenen Chilischoten und 18 verschiedenen Gewürzen hergestellt. Im Fastfood-Restaurant-Stil wird den Gästen hier çig köfte vegetarisch, aber auch vegan serviert.

G2,11, 68159 Mannheim
Mo - Fr: 10:00 - 0:00, Sa: 10:00 - 2:00, So: 12:00 - 0:00

Weitere Infos: www.veganfreundlich.org/202

Café Vogelfrei

Mannheim | Beim Café Vogelfrei handelt es sich um ein besonderes Kulturcafé, in dem ein kleines Sortiment an qualitativ hochwertigen, hausgemachten Kuchenspezialitäten mit Kaffee, Tee und Kaltgetränken angeboten wird. Zusätzlich gibt es wechselnde Tagessuppen, Quiches und Pizza. Alles frisch, vegan und selbst gemacht.

C 3, 20, 68159 Mannheim
Di - Sa: 11:00 - 19:00, So: 14:00 - 22:00

Weitere Infos: www.veganfreundlich.org/472

Kombüse

Mannheim | Die Kombüse ist ein vegetarisches Restaurant direkt in Mannheim. Angeboten werden deftige Speisen wie Burger, Schnitzel und Steaks. Ein sehr großer Teil der Gerichte ist vegan, alles andere kann auf Wunsch vegan zubereitet werden. Das täglich wechselnde Mittagsgericht ist immer sehr kreativ und preiswert.

Jungbuschstr. 23, 68159 Mannheim
Di - Do: 11:00 - 23:00, Fr: 11:00 - 1:00, Sa: 17:00 - 1:00

Weitere Infos: www.veganfreundlich.org/476

Heller´s

Mannheim | Im Zentrum von Mannheim, in nächster Nähe zur Fußgängerzone und allen Sehenswürdigkeiten der Stadt gelegen, befindet sich das Selbstbedienungsrestaurant mit mediterranem Ambiente und einem großen, idyllischen Garten. Alle Speisen sind vegetarisch, teilweise auch vegan und laktose- sowie glutenfrei.

N 7, 13-15, 68161 Mannheim
Mo - Fr: 11:00 - 20:00, Sa: 11:00 - 17:00, So: 11:30 - 15:00
Weitere Infos: www.veganfreundlich.org/376

Familienbetrieb

Mannheim | Bei den Speisen kommen nur hochwertige und „familiengeprüfte“ Zutaten zum Einsatz. Alle Soßen, ob auf Burgern, als Dip oder bei allen Hauptgerichten sind hausgemacht und glutamatfrei. Dazu gehört auch die vegane Mayo, die perfekt zu einem Burger aus dem vielfältigen Angebot passt. Donnerstags gibt es weitere vegane Specials.

M 2, 12, 68161 Mannheim
Mo - Sa: 11:30 - 00:00

Weitere Infos: www.veganfreundlich.org/474

Food Inn

Mannheim | Food Inn ist ein Imbiss in der Innenstadt von Mannheim. Neben vielen weiteren veganen Gerichten wird auch ein veganer Bio-Döner und Yufka angeboten. Der Betreiber steht zu 100 % hinter dem veganen Döner und verkauft ihn aus Überzeugung, weshalb er 2014 den Imbiss komplett auf vegan umgestellt hat.

U1-27, 68161 Mannheim
Mo - Sa: 11:00 - 20:00

Weitere Infos: www.veganfreundlich.org/475

Lövenzahn

Mannheim | Das vegane Restaurant Lövenzahn bietet eine saisonal wechselnde Speisekarte samt Mittagsgericht, täglich frische Smoothies, ständig wechselnde Rohkost-Gerichte und Desserts sowie Bio-Bier aus der Umgebung. Mit den angebotenen diversen Frühstücksvariationen gelingt auf jeden Fall der Start in den Tag.

Eichelsheimer Str. 42, 68163 Mannheim
Mo - Sa, Feiertage: 11:30 - 23:30, So: 9:00 - 21:00, Mittagstisch: Mo - Fr: 11:30 - 14:00
Weitere Infos: www.veganfreundlich.org/565

die Vollwertküche

Heidelberg | Die Vollwertküche ist ein 100 % vegetarisches Restaurant, das täglich wechselnde Gerichte anbietet. Oft ist ein Tagesessen vegan und deutlich als vegan gekennzeichnet. Ständig im Angebot ist außerdem beispielsweise Nudelauflauf mit Tomatensoße (mit oder ohne Käse). Die Nudeln dafür sind hausgemacht und enthalten keine Eier.

Bergheimer Str. 1, 69115 Heidelberg
Mo. – Fr. 12:00 Uhr bis 19:00 Uhr. Sa. 12:00 Uhr bis 18:00 Uhr
Weitere Infos: www.veganfreundlich.org/68

Red - die grüne Küche

Heidelberg | Im Heidelberger Restaurant „red“ steht der Genuss vegetarischer Gaumenfreuden im Mittelpunkt und deshalb ist Qualität unverzichtbar. Angeboten werden vegetarische, biologische, regionale Produkte, immer frisch zubereitet und serviert. Viele Speisen sind auch vegan, glutenfrei und laktosefrei erhältlich.

Poststr. 42, 69115 Heidelberg
Mo: 11:30 - 20:00, Di - Sa: 11:30 - 22:00

Weitere Infos: www.veganfreundlich.org/558

Serai

Heidelberg | Serai (=Zitronengras), eines von nur drei malaysischen Spezialitätenrestaurants in Deutschland bietet authentisch malaysische Küche, darunter auch eine breite Auswahl an vegetarischen und veganen Gerichten, die alles andere als langweilig sind. An jedem ersten Montag gibt es ein vegetarisch-veganes all you can eat Buffet.

Schillerstr. 28-30, 69115 Heidelberg
Mo - Fr: 12:00 - 14:00, 18:00 - 22:00, Sa: 18:00 - 23:00

Weitere Infos: www.veganfreundlich.org/562

MoschMosch

Heidelberg | MoschMosch ist eine Nudelbar im Stil eines japanischen Wirtshauses mit über 10 Filialen. Vegane und vegetarische Gerichte sind auf der Karte gekennzeichnet. Neben Vorspeisen sind Ramen-Suppen, japanische Weizennudeln mit verschiedenen Brühen und Einlagen wie Tofu und besondere Salate im Angebot. Auch online bestellbar.

Hauptstr. 136, 69117 Heidelberg
Mo - Sa: 11:00 - 23:00, So: 13:00 - 22:00

Weitere Infos: www.veganfreundlich.org/27

Cigköftem

Heidelberg | Çig köfte bedeutet „rohe Frikadellen“ - mit Fleisch hat die türkische Spezialität hier aber nichts zu tun. Vielmehr wird sie aus Naturweizen, Tomatenmark, gemahlenen Chilischoten und 18 verschiedenen Gewürzen hergestellt. Im Fastfood-Restaurant-Stil wird den Gästen hier çig köfte vegetarisch, aber auch vegan serviert.

Plöck 67, 69117 Heidelberg
Mo - Sa: 10:00 - 20:00

Weitere Infos: www.veganfreundlich.org/196

Kilimanjaro

Heidelberg | In dem geschmackvoll eingerichteten afrikanischen Restaurant erlebt man eine andere aber sehr köstliche Geschmacksrichtung, frei von Geschmacksverstärkern und Konservierungsstoffen. Rund zehn vegetarische und vegane Gerichte befinden sich auf der Karte. Serviert wird typisch auf einem gemeinsamen Teller für Freunde und Familie.

Dreikönigsstr. 6, 69117 Heidelberg
Di - So: 17:00 - 0:00

Weitere Infos: www.veganfreundlich.org/559

VeggieArt
vegetarisch & vegan auf persisch

VeggieArt

Heidelberg | VeggieArt bietet eine kreative vegane Küche. Es gibt täglich mindestens vier Reisgerichte und eine Suppe im Angebot. Das Gemüse stammt überwiegend aus biologischem und regionalem Anbau. Es werden nur hochwertige Öle, Früchte und Kräuter verwendet. VeggieArt besteht auf hohe Qualität und fairem Handel.

Plöck 77, 69117 Heidelberg
Mo - Fr: 11:30 - 16:00, Sa: 12:30 - 20:00

Weitere Infos: www.veganfreundlich.org/561

Volkano

Heidelberg | Hier genießt man Spezialitäten und Esskultur der französischen Küche. Warum nach einem gemütlichen Essen die Location wechseln? Nach einem netten Abend mit Gerichten von der großen vegetarischen und veganen Extrakarte bietet die Bar mit Loungegarten einen idealen Ort um den Tag oder die Woche ausklingen zu lassen.

Dossenheimer Landstr. 125, 69121 Heidelberg
Di - Do: 17:00 - 23:00, Fr - Sa: 17:00 - 3:00, So: 11:00 - 23:00
Weitere Infos: www.veganfreundlich.org/563

Landcafe zur Sonne

Bammental | Im Landcafe zur Sonne sind 85 % der Speisen in Bioqualität hergestellt und von Hand zubereitet. Der Duft von frisch gebrühtem Kaffee, frisch gebackenem Kuchen, Kräutern und Gewürzen hilft dabei, dem Alltagsstress zu entfliehen. Außer beim Frühstück kann man sich auch mit täglich wechselnden kleinen Mittagsgerichten für den Tag stärken.

Fabrikstr. 10, 69245 Bammental
Mi - So: 10:00 - 18:00

Weitere Infos: www.veganfreundlich.org/564

Vegi Voodoo King

Stuttgart | VEGI-VOODOO-KING bietet verschiedene Speisen auf Basis unterschiedlicher kreativer und handgemachter Falafelmischungen an. Alle veganen Gerichte sind deutlich gekennzeichnet und auch für die Vitaminzufuhr ist hier dank frisch gepreßter Säfte einiges getan. Die angeboten Suppen sind ohne Zusätze wie z. B. Konservierungsstoffe.

Steinstr. 13, 70173 Stuttgart
Mo - Mi: 11:30 - 23:00, Do: 11:30 - 2:00, Fr - Sa: 11:30 - 4:00, So: 17:00 - 23:00
Weitere Infos: www.veganfreundlich.org/74

Hans im Glück Europaviertel

Stuttgart | Hans im Glück besticht mit einmaligem Ambiente und aufmerksamem Service und überrascht seine Gäste mit einer vielfältigen Auswahl an Burgerkreationen. Darunter ein veganer Burger, belegt mit würzigem Weizen-Bratling, Tomate, Rauke und Sprossen. Dazu schmecken die köstlichen Fritten und die hausgemachte Orangen-Senf-Soße.

Lissabonnerstr. 2, 70173 Stuttgart
Mo - So: ab 11:00 - ca. 1:00* (variiert je nach Standort leicht)
Weitere Infos: www.veganfreundlich.org/103

SB-Restaurant Iden

Stuttgart | Das Iden ist ein Selbstbedienungsrestaurant in Stuttgart. Man wählt hier selbst aus dem reichhaltigen Angebot aus warmen und kalten Speisen, auch unter Berücksichtigung eigener Allergien oder Diäten, die gewünschte Zusammenstellung aus, bestimmt selbst was und wie viel man essen möchte und bezahlt dann nach Gewicht des Essens.

Eberhardstr. 1, 70173 Stuttgart
Mo - Fr: 11:00 - 18:00, Sa: 11:00 - 17:00

Weitere Infos: www.veganfreundlich.org/365

Rudolfs

Stuttgart | Das Rudolfs bietet vegane und vegetarische Speisen auf einer wöchentlich wechselnden Karte, täglich frisch gekocht, so regional und Bio wie möglich. Es gibt Frühstück, Mittag- und Abendessen sowie Kaffee und selbst gebackenen Kuchen. Das Restaurant ist ein Inklusionsprojekt, in dem Menschen mit Handicaps arbeiten.

Rotebühlplatz 28, 70173 Stuttgart
Mo - Sa: 9:00 - 23:00

Weitere Infos: www.veganfreundlich.org/371

nama

Stuttgart | Im Café nama liegt das Hauptaugenmerk auf frischen Salaten, leichte Suppen und leckere Pastagerichte. Das Café achtet dabei sehr auf die Regionalität der Waren. Auch bei den Verpackungen steht Nachhaltigkeit an erster Stelle und so werden alle to-go Gerichte nur in Verpackungen aus nachwachsenden Rohstoffen verkauft.

Calwerstr. 50, 70173 Stuttgart
Mo - Sa: 09:00 - 22:00

Weitere Infos: www.veganfreundlich.org/375

Kap Tormentoso

Stuttgart | Das Kap Tormentoso ist eine noch junge Kneipe direkt in Stuttgart. Die Kombüse präsentiert neben alltäglichen Gerichten auch einige vegane Speisen wie beispielsweise Kartoffelsuppe mit Seitanwurst. Gelegentlich laufen auch gut gelaunte spielwütige Musikanten ein und verwandelt das Kap in eine gesellige Partykneipe.

Hirschstr. 27, 70173 Stuttgart
Mo - Do: 11:00 - 2:00, Fr - Sa: 11:00 - 4:00, So: 14:00 - 1:00
Weitere Infos: www.veganfreundlich.org/381

Kaimug

Stuttgart | Getreu der Idee, die traditionelle thailändische Garküche mit den vielen exotischen Geschmackserlebnissen nach Deutschland zu holen, bieten die thailändischen Restaurants KAIMUG ein geschmackliches Erlebnis mit (bisher) zwei vegan deklarierten Gerichten. Diese Filiale befindet sich im Stuttgarter Bahnhof.

Arnulf-Klett-Platz 2, 70173 Stuttgart
Mo - So: 10:00 - 22:00

Weitere Infos: www.veganfreundlich.org/696

Kleinundfein

Stuttgart | Das Kleinundfein bietet vegane Küche mit einem Hauch Mittelmeer. Aus der Küche kommen frische und selbst hergestellte Produkte, für die keine Geschmacksverstärker verwendet werden. Obst und Gemüse aus der Region und gemäß der Saison sind für die Köchin nicht nur eine Selbstverständlichkeit, sondern auch ein Anliegen.

Kronenstr. 45, 70174 Stuttgart
Do - Sa: ab 18:00

Weitere Infos: www.veganfreundlich.org/360

Pokkez

Stuttgart | Pokkez bietet vegetarische (Toskana) und vegane (Mumbai, Bali) Wraps im Tortilla-Teig (Pokketilla) oder in der Pita (Pokkita) an. Alle warmen Wraps werden frisch zubereitet und gebacken. Die Pure- und Iced-Smoothies (Erdbeere, Mango & Passion, Heidelbeere & Banane, Ananas & Kokos) sind ebenfalls vegan.

Theodor-Heuss-Str. 34, 70174 Stuttgart
Mo - Mi: 10:00 - 20:00, Do: 10:00 - 0:00, Fr: 10:00 - 5:00, Sa: 11:00 - 5:00
Weitere Infos: www.veganfreundlich.org/383

Cesa Cigköfte

Stuttgart | Çig köfte bedeutet „rohe Frikadellen" - mit Fleisch hat die türkische Spezialität hier aber nichts zu tun. Vielmehr wird sie aus Naturweizen, Tomatenmark, gemahlenen Chilischoten und verschiedenen Gewürzen hergestellt. Im Stil eines Fastfood-Restaurants wird den Gästen hier çig köfte vegetarisch, aber auch vegan serviert.

Schwabstr. 26, 70176 Stuttgart
bis spät abends

Weitere Infos: www.veganfreundlich.org/363

Hans im Glück Caleldo

Stuttgart | Hans im Glück besticht mit einmaligem Ambiente und aufmerksamem Service und überrascht seine Gäste mit einer vielfältigen Auswahl an Burgerkreationen. Darunter ein veganer Burger, belegt mit würzigem Weizen-Bratling, Tomate, Rauke und Sprossen. Dazu schmecken die köstlichen Fritten und die hausgemachte Orangen-Senf-Soße.

Tübinger Str. 41 - 43, 70178 Stuttgart
Mo - So: ab 11:00 - ca. 1:00* (variiert je nach Standort leicht)
Weitere Infos: www.veganfreundlich.org/99

Noir-Cuisine

Stuttgart | Noir ist eine Mischung aus edlem Restaurant mit traditioneller vietnamesischer Küche und chilliger Bar. Die gekennzeichneten veganen Gerichte wie beispielsweise der Glasnudelsalat mit angebratenem Tofu und Chili-Limettendressing lassen schon beim Lesen Appetit aufkommen. Die Bar im Untergeschoss kann für Feiern gemietet werden.

Tübingerstr. 92, 70178 Stuttgart
Mo - Sa: 11:00 - 23:30, So: 18:00 - 23:00

Weitere Infos: www.veganfreundlich.org/379

Cafe Stella

Stuttgart | Das Café Stella ist seit nun rund 30 Jahren das etwas andere Café in Stuttgart – noch mitten in der Innenstadt, aber abseits vom Trubel und vom Mainstream. Bekannt ist das Stella für seine kleine, aber sehr feine und ausgefallene Bistro-Küche, von typisch schwäbisch über mediterran bis asiatisch und orientalisch inspiriert.

Hauptstätter Str. 57, 70178 Stuttgart
Mo - Fr: 8:30 - 1:00, Sa: 9:00 - 1:00, So: 9:00 - 23:00

Weitere Infos: www.veganfreundlich.org/380

Zimt & Zucker

Stuttgart | Es sind die kleinen Besonderheiten, wie die aufwändig bemalte Decke, die einem sofort auffallen. Das Wesentliche ist jedoch das wunderbare Frühstück, Besonderes wie Pancakes und heißer Holunderblütenpunsch und der täglich wechselnde Mittagstisch, wobei Jean R. Velenderic auch gerne auf Sonderwünsche und Ideen eingeht.

Weißenburgstr. 2c, 70180 Stuttgart
Di - Fr: 10:00 - 18:00, Sa: 10:00 - 17:30, So: 10:00 - 14:00

Weitere Infos: www.veganfreundlich.org/370

Adulis

Stuttgart | Das Adulis verbindet die Tradition und die kulinarischen Köstlichkeiten der afrikanischen Küche mit einem europäischen Flair und bietet zahlreiche Möglichkeiten eines angenehmen Aufenthaltes in entspanntem Ambiente. Die eigenständige vegane Speisekarte bietet rund zehn fleischlose afrikanische Gerichte an.

Esslingerstr. 22, 70182 Stuttgart
11:00 - 14:00, 17:00 - 23:00, Fr: 11:00 - 14:00, 17:00 - 1:00, Sa: 12:00 - 1:00, So: 12:00 - 23:00
Weitere Infos: www.veganfreundlich.org/364

Hüftengold

Stuttgart | Das Hüftengold ist der ideale Platz um einen schönen Abend mit Freunden und Familie zu verbringen. Bei der stadtbekannten hochwertigen Küche mit Gerichten aus regionalen Produkten, einem offenen Kamin und stylischer Wohlfühlmusik bekommt man veganes Frühstück, vegane Mittagsgerichte und immer mehr vegane Speisen.

Olgastr. 44, 70182 Stuttgart
Mo - Do: 7:00 - 0:00, Fr: 7:00 - 1:00, Sa: 9:00 - 1:00, So: 10:00 - 20:00
Weitere Infos: www.veganfreundlich.org/372

Ganesha Stuttgart-Ost

Stuttgart | Seit mehr als 10 Jahren steht das Restaurant Ganesha im Stuttgarter Osten für indische und ceylonesische Esskultur. Die zahlreichen Auszeichnungen belegen den hohen Qualitätsanspruch, ebenso die vielen Stammgäste. Das Restaurant stellt den Gästen eine Extrakarte mit vegetarischen und veganen Gerichten zur Verfügung.

Lembergstraße 19, 70186 Stuttgart
Mo - Sa: 11:30 - 14:30, 17:30 - 23:30, So: 12:00 - 23:00

Weitere Infos: www.veganfreundlich.org/382

Dilgelay

Stuttgart | Dilgelay bietet klassische türkische Imbissgerichte wie Döner, Lahmacun und Pide an. Das Besondere: Dilgelay bereitet alle diese Gerichte auf Wunsch auch mit einem veganen Fleischersatz zu. Das Lokal ist zudem deutlich größer und heller als konventionelle Dönerimbisse und lädt deshalb auch zum Verweilen ein.

Neckarstr. 156, 70190 Stuttgart
Mo - Sa: 7:00 - 22:00, So: 10:00 - 22:00

Weitere Infos: www.veganfreundlich.org/366

VeganPur

Stuttgart | Veganpur ist ein Ladengeschäft mit ausschließlich veganem Sortiment, von alltäglichen Produkten wie Käse-, Milch- und Fleischalternativen bis hin zu Drogerieartikeln, Tiernahrung und Büchern zum Thema Veganismus und Tierschutz. Alle veganen Produkte sind auch in dem hauseigenen Online-Shop bestellbar.

Friedhofstr. 11, 70191 Stuttgart
Mo, Mi, Fr: 9:00 - 18:00, Do: 9:00 - 20:00, Sa: 9:00 - 14:00

Weitere Infos: www.veganfreundlich.org/367

Ganesha Stuttgart-West

Stuttgart | Wie auch in dem Stammlokal in Stuttgart-Ost werden die Gäste hier mit zahlreichen Spezialitäten der südindischen Küche aus dem Tandoor (traditioneller indischer Holzkohleofen) oder mit ceylonesischer Ausrichtung verwöhnt. Das Restaurant stellt den Gästen eine separate Karte mit 22 vegetarischen und 8 veganen Gerichten zur Verfügung.

Rotebühlstraße 155, 70197 Stuttgart
Mo - Sa: 11:30 - 14:30, 17:30 - 23:30, So: 12:00 - 23:00

Weitere Infos: www.veganfreundlich.org/400

Coox & Candy

Stuttgart | Die Speisekarte gibt alles her, was das Vegetarier- und Veganerherz begehrt. So finden sich zwischen veganen Pizzen und Burgern auch Wraps und Desserts wieder. Mitten im Schwabenländle dürfen natürlich Spätzle nicht fehlen. Hier sind diese allerdings vollkommen ohne Tierleid, also vegan! Jeden Sonntag ist Schlemmerbrunch.

Sulzbachgasse 14, 70372 Stuttgart
Di - Do: 11:30 - 22:30, Fr: 11:30 - 0:00, Sa: 12:00 - 0:00, So: 10:00 - 22:30
Weitere Infos: www.veganfreundlich.org/59

Pizza Express Deluxe

Stuttgart | Fernsehabend? Perfekt! Der Lieferservice bietet einige verschiedene vegane Pizzen an. Dabei wird nicht einfach nur der Käse weggelassen, sondern durch veganen Käse ersetzt. Auf Wunsch wird die Pizza auch mit veganer Chorizo-Wurst belegt. Der Mindestbestellwert liegt je nach Stadtteil bei ca. 10 bis 15 Euro.

Brückenstraße 32, 70376 Stuttgart
Mo - Fr: 11:00 - 14:00, 17:00 - 22:30, Sa - So: 12:00 - 22:30
Weitere Infos: www.veganfreundlich.org/377

Pokkez

Stuttgart | Pokkez bietet vegetarische (Toskana) und vegane (Mumbai, Bali) Wraps im Tortilla-Teig (Pokketilla) oder in der Pita (Pokkita) an. Alle warmen Wraps werden frisch zubereitet und gebacken. Die Pure- und Iced-Smoothies (Erdbeere, Mango & Passion, Heidelbeere & Banane, Ananas & Kokos) sind ebenfalls vegan.

Naststr. 45, 70376 Stuttgart
Mo - Fr: 9:30 - 16:00

Weitere Infos: www.veganfreundlich.org/686

Körle und Adam

Stuttgart | Das kleine Restaurant am Eingang zum Feuerbacher Tal bietet nicht nur Gutes für den Gaumen, sondern ist selbst auch ein kleiner Augenschmaus. Von außen unscheinbar, eröffnet sich sein Charme erst im Inneren - ganz ähnlich wie bei manch gutem Gericht auch. Alle Speisen und Getränke sind größtenteils in BIO-Qualität.

Feuerbacher-Tal-Straße 31, 70469 Stuttgart
Di - So: ab 18:00

Weitere Infos: www.veganfreundlich.org/361

Pazzo Pizza Service

Stuttgart | Pazzo Pizza Service ist ein Lieferdienst, der vegane Pizzen anbietet, die auf Wunsch auch mit veganem Käse belegt werden können. Der Teig ist natürlich ebenfalls vegan (wie übrigens der ursprüngliche echte italienische Teig auch). Selbstabholer erhalten einen Preisnachlass von 20% (außer auf Eis und Getränke).

Feuerbacher Talstr. 4, 70469 Stuttgart
Mo - Fr: 11:00 - 14:00, 17:00 - 23:00, Sa: 16:00 - 23:00, So: 12:00 - 23:00
Weitere Infos: www.veganfreundlich.org/378

Pokkez

Stuttgart | Pokkez bietet vegetarische (Toskana) und vegane (Mumbai, Bali) Wraps im Tortilla-Teig (Pokketilla) oder in der Pita (Pokkita) sowie vegane Suppen an. Alle warmen Wraps werden frisch zubereitet und gebacken. Die Pure- und Iced-Smoothies (Mango & Passion, Erdbeere, Heidelbeere & Banane, Ananas & Kokos) sind ebenfalls vegan.

Pfaffenwaldring 60, 70569 Stuttgart
Mo - Fr: 10:00 - 16:00

Weitere Infos: www.veganfreundlich.org/685

Ganesha

Fellbach | Wie auch in dem Stammlokal Stuttgart-Ost werden die Gäste mit zahlreichen Spezialitäten der südindischen Küche aus dem Tandoor (traditioneller indischer Holzkohleofen) oder mit ceylonesischer Ausrichtung verwöhnt. Das Restaurant stellt den Gästen eine Extrakarte mit 22 vegetarischen und 8 veganen Gerichten zur Verfügung.

Auberlenstraße 40, 70736 Fellbach
Mo - Sa: 11:30 - 14:30, 17:30 - 23:30, So: 12:00 - 23:00

Weitere Infos: www.veganfreundlich.org/410

Scala Backstage

Ludwigsburg | Scala Backstage - das bedeutet Restaurant - Bar - Kultur und all das untrennbar vereint. Die Speisekarte des Restaurants zeigt einige vegane Speisen auf, die mit einer Veganblume gekennzeichnet sind. Dazu gehören Salate, Grillbrot sowie Grillgemüse. Für Vegetarier ist die Auswahl etwas größer.

Stuttgarter Str. 2, 71638 Ludwigsburg
Di - Sa: 17:00 - 01:00

Weitere Infos: www.veganfreundlich.org/581

Amaranth

Marbach | Das kleine vegetarische Restaurant am Rande der Altstadt bietet für jeden etwas: leckere Suppen, verspielte Salate, knackige Wokgerichte, indische Currys, Pasta und mediterranes Gemüse, krosse Flammkuchen, hausgemachte Getreideküchle und den besten Schokokuchen der Welt. Täglich wechselnder Mittagstisch.

Niklastorstr. 32, 71672 Marbach
Di - Fr: 12:00 - 14:00, 18:00 - 22:00, Sa: 18:00 - 22:00

Weitere Infos: www.veganfreundlich.org/583

Kornblume

Tübingen | In dem vegetarischen Imbiss Kornblume werden zwar vorwiegend vegetarische Gerichte, aber auch einige wenige vegane Speisen angeboten. Von 11:30 - 14:00 Uhr gibt es einen Mittagstisch. Im Geschäft befindet sich auch ein kleiner Naturkostladen - ebenfalls mit vielen vegetarischen und veganen Produkten zum Mitnehmen.

Haaggasse 15, 72070 Tübingen
Mo - Fr: 8:30 - 18:00, Sa: 8:30 - 15:00

Weitere Infos: www.veganfreundlich.org/73

Bongoroots

Tübingen | Einzigartige Afro-Karibische Küche. Hier wird aus Kochbananen, Süßkartoffeln, Couscous, saisonalen und exotischen Gemüsen und Obst täglich ein neues außergewöhnliches Menü gezaubert und im Gastraum mit afrikanischem Flair angeboten. Aus einer ehemaligen Metzgerei ist eine wunderbare „Gemüserei" geworden.

Eugenstr. 34, 72072 Tübingen
Mo - Fr: 11:30 - 15:00, Fr: 18:00 - 22:00

Weitere Infos: www.veganfreundlich.org/519

Kasvis

Tübingen | Das vegane Schnellrestaurant bietet neben täglich wechselnden Hauptgerichten auch täglich wechselnde Suppen an. Außerdem bietet Kasvis seinen Gästen typische Imbissgerichte wie Currywurst an. In der oberen Etage kann man es sich bequem machen und sogar alle Wheaty-Produkte für das Kochvergnügen für Zuhause erwerben.

Am Lustnauer Tor 4, 72074 Tübingen
Di - Sa: 12:00 - 19:00

Weitere Infos: www.veganfreundlich.org/515

Bio-Gasthaus Sonne

Simmersfeld | Beste Qualität der Ausgangsprodukte ist die Voraussetzung einer guten Küche. Daher bezieht das Küchenteam nur sorgfältig ausgewählte Zutaten aus dem regionalen Biohandel oder von Bauern aus der Nachbarschaft denen es vertraut. Vegane und glutenfreie Gerichte sind auf der Speisekarte gekennzeichnet.

Freudenstädter Str. 8, 72226 Simmersfeld
Mi - Sa: 12:00 - 14:30, 17:00 - 23:00, So: 12:00 - 21:00

Weitere Infos: www.veganfreundlich.org/526

Café Nepomuk

Reutlingen | Das Nepomuk ist ein überwiegend vegetarisches Café in Selbstverwaltung. Es bietet einen großen Gastraum mit Spielecke für Kinder und einen wunderschönen Biergarten. Unter der Woche gibt es einen rein vegetarischen Mittagstisch und eine Wochenkarte mit wechselnden Speisen aus aller Welt. Ein Großteil der Zutaten ist fair gehandelt.

Unter den Linden 23, 72762 Reutlingen
Mo: 12:00 - 23:00, Di - Sa: 10:00 - 0:00, So: 10:00 - 23:00

Weitere Infos: www.veganfreundlich.org/60

Pokkez

Reutlingen | Pokkez bietet vegetarische (Toskana) und vegane (Mumbai, Bali) Wraps im Tortilla-Teig (Pokketilla) oder in der Pita (Pokkita) an. Alle warmen Wraps werden frisch zubereitet und gebacken. Die Pure- und Iced-Smoothies (Mango & Passion, Erdbeere, Heidelbeere & Banane, Ananas & Kokos) sind ebenfalls vegan.

Oskar-Kalbfell-Platz 13, 72764 Reutlingen
Mo - Sa: 11:00 - 20:00

Weitere Infos: www.veganfreundlich.org/687

Peperoncini

Börtlingen | Die Speisekarte bietet ein großes Angebot an leckeren, veganen Gerichten, die durch eine stets wechselnde saisonale Zusatzkarte ergänzt werden. Neben Pizza-, Pasta- und Wokspezialitäten werden auch Desserts, grüne Smoothies und glutenfreie Pastasorten angeboten. Auf Wunsch ist auch ein veganes Catering möglich.

Birenbacherstr. 2, 73104 Börtlingen
Mo, So: 17:30 - 22:00, Di, Do: 17:30 - 22:30, Fr - Sa: 17:30 - 23:00
Weitere Infos: www.veganfreundlich.org/17

Peperoncini

Göppingen | Den Gästen wird seit mittlerweile über elf Jahren eine umfangreiche Auswahl an vegetarischen Gerichten und seit 2012 eine eigenständige vegane Karte mit einer Auswahl an wunderbaren, saisonalen, pflanzlichen Produkten aus der Region angeboten. Ein Gästezimmer steht Besuchern ebenfalls zur Verfügung.

Birenbacherstr. 2, 73104 Göppingen
Mo, So: 17:30 - 22:00, Di, Do: 17:30 - 22:30, Fr - Sa: 17:30 - 23:00
Weitere Infos: www.veganfreundlich.org/359

BRUNA natürlich Eis

Winterbach | Der kleine Eisladen ist keine Eisdiele im klassischen Sinne, sondern „nur" ein Straßenverkauf, aber direkt vor dem Laden steht eine Bank oder man geht den kurzen Weg über die Straße und genießt seine „Eistüte" im herrlichen Garten der Michaelskirche. Im Sortiment finden sich geschmacklich überzeugende vegane Eissorten.

Schorndorfer Str. 1, 73650 Winterbach
Fr - Di: 13:00 - 18:00 (ab Frühling)

Weitere Infos: www.veganfreundlich.org/498

Schwobastüble

Kaisersbach | Mitten in der herrlichen Landschaft des schwäbischen Waldes und nur 40 Min. von Stuttgart entfernt, liegt das Schwobastüble. Die Speisekarte ist komplett vegetarisch und nur auf Anfrage wird hier auch Fleisch angeboten. Viele Speisen können vegan zubereitet werden. Jeden zweiten Sonntag gibt es einen Veggie-Brunch von 11 bis 15 Uhr.

Winnender Str. 81, 73667 Kaisersbach
(Öffnungszeiten siehe Webseite)

Weitere Infos: www.veganfreundlich.org/53

Marples

Esslingen | Marples - Die Pflanzenküche kocht wie der Name schon sagt rein vegan. Aus regionalen und saisonalen Zutaten werden Fast Food Kreationen wie zum Beispiel Burger aber auch gesunde Salate zubereitet. Zudem wird auf Fairtrade und Nachhaltigkeit geachtet und wenn möglich die „bessere" Zutat verwendet.

Heugasse 10, 73728 Esslingen
Mi - Fr: 11:00 - 14:00, 17:00 - 21:00, Sa - So: 12:00 - 15:00, 17:00 - 21:00
Weitere Infos: www.veganfreundlich.org/368

0
1
2
3
4
5
6
7
8
9

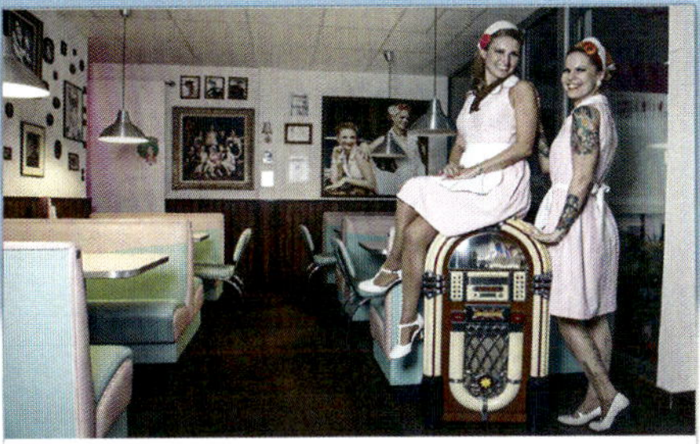

The Ladies Diner

Esslingen | The Ladies Diner bietet eine einzigartige Auswahl an hausgemachten Speisen die unter Verwendung bester Lebensmittel und Zutaten für alle zum Genusserlebnis werden. Diese köstlich, kreativen Leckereien lassen sich in der gemütlichen Atmosphäre der 50er mit außergewöhnlichem Service und klasse Musik perfekt genießen.

Alleenstr. 29, 73730 Esslingen
Di - Fr: 11:30 - 14:30, 17:00 - 22:00, Sa: 11:30 - 22:30

Weitere Infos: www.veganfreundlich.org/369

Hans im Glück Sülmercity

Heilbronn | Hans im Glück besticht mit einmaligem Ambiente und aufmerksamem Service und überrascht seine Gäste mit einer vielfältigen Auswahl an Burgerkreationen. Darunter ein veganer Burger, belegt mit würzigem Weizen-Bratling, Tomate, Rauke und Sprossen. Dazu schmecken die köstlichen Fritten und die hausgemachte Orangen-Senf-Soße.

Sülmerstr. 44, 74072 Heilbronn
Mo - So: ab 11:00 - ca. 1:00* (variiert je nach Standort leicht)
Weitere Infos: www.veganfreundlich.org/91

VELO

Heilbronn | VELO bietet eine rein vegane, täglich wechselnde Mittagskarte mit Tagessuppe, Vorspeise und Hauptgericht, sowie täglich frisch gebacke Kuchen und Torten, sahnigen Desserts und Muffins. Auch die Abendkarte wechselt täglich und besteht aus mehreren Gerichten, Suppen und Salaten sowie frisch zubereiteten Desserts und hausgemachten Chutneys.

Eichgasse 14, 74072 Heilbronn
Mo: 10:00 - 15:00, Di: - Sa: 10:00 - 22:00 (warme Küche: 12:00 - 14:00 & 18:00 - 21:00)
Weitere Infos: www.veganfreundlich.org/615

Restaurant Rose

Vellberg | Regionale Zutaten größtenteils aus Bioanbau, von bekannten Kleinlandwirten, aus Eigenanbau oder Wildsammlung werden ohne Mikrowelle, industriell hergestellten oder genveränderten Zutaten zum Gaumenschmaus nach „Rose-Art". In der wöchentlich wechselnden Speisekarte finden sich der Jahreszeit angepasste Speisen.

Ortsstr. 13, 74541 Vellberg
Mi - So: 11:45 - 13:45, Di - So: 17:30 - 21:30 (Mai - Sep), Fr - So: 11:45 - 13:45, Di - So: 17:30 - 21:30 (Okt - Apr)
Weitere Infos: www.veganfreundlich.org/466

Sehnsuchtsküche

Mühlacker | Die Sehnsuchtsküche bietet typisch schwäbische Küche mit Produkten auf rein pflanzlicher Basis. Diese werden mit viel Liebe zu deftigen Gaumenfreuden wie Schnitzel oder Geschnetzeltes verwandelt. Als Fleischalternative wird Dinkel-Seitan aus eigener Produktion verwendet. Für Eisliebhaber gibt es verschiedene vegane Eissorten.

An der Wasserhalde 1, 75417 Mühlacker
Fr - Sa: 18:00 - 22:00, So: 12:00 - 22:00

Weitere Infos: www.veganfreundlich.org/373

ViVA

Karlsruhe | Im ViVA gibt es jeden Tag eine große Salat- und Antipasti-Bar – abwechslungsreich und überraschend, sowie ein Büfett mit warmen Gerichten aus der Region, aber auch mit internationaler Note und besonderen Kombinationen. Auch vegane und glutenfreie Gerichte und für den schnellen Hunger die ViVA Lunch-Box werden angeboten.

Lammstr. 7a, 76133 Karlsruhe
Mo - Fr: 11:00 - 20:30, Sa: 11:00 - 17:00, So: 11:00 - 15:00
Weitere Infos: www.veganfreundlich.org/65

Brauerreigaststätte Linde

Rastatt | Hier kocht die Chefin persönlich. Eine separate Karte mit einem umfangreichen Angebot an veganen Speisen steht zur Verfügung. Lupinienfilet, Geschnetzeltes, Flammkuchen und gegrillter BBQ-Tofu sind nur einige der angebotenen Speisen. Zwei Kegelbahnen und ein Dartraum stehen ebenfalls zur Verfügung.

Kapellenstr. 2, 76437 Rastatt
Mo - Di, Do - Fr: 11:00 - 14:00, 17:30 - 0:00, So: 11:30 - 14:00
Weitere Infos: www.veganfreundlich.org/347

Uli's Schlemmertreff

Baden-Baden | Inmitten der Rebberge liegt das Ausflugslokal, welches zugleich auch als Sportgaststätte fungiert. Auf der Extrakarte für fleischlose Gerichte werden typisch badische Spezialitäten angeboten. Vollkorn-Käsespätzle mit veganem Käse oder Dinkelbratlinge sind nur zwei der vielen Leckereien. Vorspeisen und Desserts gibt es ebenfalls.

Am Grünbach 2, 76534 Baden-Baden
Di: 17:00 - 0:00, Mi - So: 11:00 - 0:00

Weitere Infos: www.veganfreundlich.org/252

Gälriwli

Offenburg | Das Gälriwli ist ein vegetarisches Vollwert- und Nichtraucherrestaurant im Zentrum von Offenburg. Ein wechselndes Angebot an ausgesuchten und frischen vegetarischen Speisen zum sofortigen Verzehr oder zum Mitnehmen bestimmt die Speisekarte. Auch leckere Soja-, Grünkern-, Gerste- oder Gemüseküchle werden serviert.

Spitalstr. 3, 77625 Offenburg
Mo - Fr: 11:00 - 18:30, Sa: 11:30 - 14:30

Weitere Infos: www.veganfreundlich.org/567

Haus am See

Schutterwald | Das Haus am See bietet zeitgemäße Gastronomie-Kultur mit badisch-exotischer Küche, idyllisch am Baggersee in Schutterwald gelegen. Veganer können sich auf eine umfangreiche Auswahl kreativer Speisen einstellen. Ob Vorspeisen, Salate, Hauptgerichte oder Desserts - alles wird gern auch vegan zubereitet.

Am Kieswerk 50, 77746 Schutterwald
Mi - Sa: ab 17:00 (Küche von 18:00 - 22:00 Uhr), So: ab 12:00
Weitere Infos: www.veganfreundlich.org/566

Landhaus Hechtsberg

Hausach | Die Küche bietet eine saisonale Auswahl von kleinen Gerichten, beliebten Klassikern, aufwändigen Menüs, Kuchen und Desserts auch in vegan an. Weil mit Produkten der Region gearbeitet wird, wechselt die Speisekarte ständig. Im Landhaus Hechtsberg gibt es eine der wenigen Schauküchen der Region.

Hechtsberg 1, 77756 Hausach
Mo - Fr: 11:30 - 14:00, 17:30 - 22:00, Sa: 17:30 - 22:00, So: 11:30 - 14:00, 17:00 - 21:00
Weitere Infos: www.veganfreundlich.org/688

Nina´s ess-Art

Immendingen | Der Imbiss bietet neben den üblichen Fleischgerichten auch leckere vegetarische und vegane Gerichte an, die schon so manchen eingeschworenen Fleischesser zum Staunen und Genießen gebracht haben. Vor allem die Seitanburger sind die Klassiker im Imbiss, dort am sehenswerten Naturphänomen „Donauversinkung".

Unterer Ösch, 78194 Immendingen
Mo - So: 10:00 - 20:00 (ca. März - Nov)

Weitere Infos: www.veganfreundlich.org/613

Vegan Tempel

Singen | Bio-Veganes Slow-Food vom Feinsten. Alle Zutaten der Speisen und Getränke sind aus kontrolliert biologischem Anbau und zum großen Teil nach yogisch-ayurvedischen Prinzipien ausgewählt und zubereitet. Sowohl Frühstück als auch Hauptspeisen wie Burger, Currywurst, Salate oder Suppen gibt es hier ausschließlich in vegan.

Schwarzwaldstr. 20, 78224 Singen
Di - Sa: 10:00 - 21:00

Weitere Infos: www.veganfreundlich.org/527

tachelan

Singen | Alle Zutaten und Getränke sind aus kontrolliert biologischem Anbau und nach den Prinzipien der Vollwertkost ausgewählt und zubereitet. Außer dem Honig in der Salatsoße sind alle Gerichte vegan, Ausnahmen sind jeweils angegeben. Vegane Salatsoße kann bestellt werden. Es werden keine unnötigen Zusatzstoffe verwendet.

Görres-Str. 2, 78224 Singen
Di - Do: 10:00 - 15:00, Fr: 10:00 - 14:00

Weitere Infos: www.veganfreundlich.org/670

Safran

Radolfzell | In dem schönen BioBistro am Gerberplatz wird ein kreativer und bunter Mittagstisch mit 2 bis 3 täglich wechselnden Menüs, sowie Suppe und Salaten serviert. Zudem gibt es Kaffeespezialitäten und weitere Getränke. Alle Gerichte werden frisch vor den Augen der Gäste zubereitet, die Wartezeiten sind dennoch kurz.

Löwengasse 22, 78315 Radolfzell
Mo - Sa: 10:00 - 18:00, Mittagstisch: 11:30 - 14:00

Weitere Infos: www.veganfreundlich.org/545

Hindelwanger Adler

Stockach | Der Hindelwanger Adler bietet eine abwechslungsreiche, deftige Küche. Mit der Entdeckung ihrer Freude an vegetarischen Genüssen, ergänzte Familie Linder ihre Karte um drei vegetarische, drei vegane Gerichte und eine „Veggie Lieblingsspeise" mit jahreszeitlichem Bezug – alles frisch zubereitet und mit badischer Gastlichkeit serviert.

Tuttlinger Str. 45, 78333 Stockach
Mi - So: 10:30 - 14:00, 17:00 - 0:00

Weitere Infos: www.veganfreundlich.org/668

VIDA

Konstanz | VIDA ist der erste Bio-Lieferservice und Bio-Cateringservice in Konstanz. Im Mittelpunkt der saisonalen Speisekarte stehen leckere und gesunde vegane und vegetarische Salat-, Panini- und Smoothiekreationen. Vegan heißt bei VIDA nicht „einfach Weglassen“ tierischer Zutaten, sondern das Kreieren spannender Kompositionen.

Blarerstr. 56, 78462 Konstanz
Mo - Fr: 11:00 - 14:00, So: 17:00 - 21:00

Weitere Infos: www.veganfreundlich.org/600

Eugens

Konstanz | Das Bio-Restaurant und Cafe in der Konstanzer Innenstadt hat neben konventionellen Fleischgerichten auch viele vegetarische und vegane Speisen im Angebot. Diese sind durch ein (vg) in der Karte gekennzeichnet. Das können wechselnde Tagesgerichte sein, aber auch Gerichte wie z. B. Linsen-Räuchertofuburger.

Münzgasse 1, 78462 Konstanz
Mo - Sa: 09:30 - 23:00, So: 13:00 - 18:00

Weitere Infos: www.veganfreundlich.org/601

Suppengrün

Konstanz | Suppengrün bietet Suppen und Salate als gesunde Antwort auf Fast Food. Frisch zubereitet aus regionalen Lebensmitteln je nach Jahreszeit und bis auf wenige Ausnahmen (exotische Zutaten) ohne Zusatzstoffe, denn die Produkte aus der Bodenseeregion brauchen so etwas nicht. Garantiert! Vegane Speisen sind gekennzeichnet.

Sigismundstr. 19, 78462 Konstanz
Mo - Sa: 11:00 - 21:00

Weitere Infos: www.veganfreundlich.org/602

Salädchen

Freiburg | Salädchen wurde von Freunden gegründet, die eine Leidenschaft für gute und frische Lebensmittel besitzen. Hier kann man das Essen ganz nach der eigenen Vorstellung zusammenstellen lassen. Dazu wählt man aus bis zu 45 frischen Zutaten aus, die nicht nur im Salat, sondern auch auf der Ofenknolle oder als Einlage in der Suppe lecker schmecken.

Rempartstr. 3, 79098 Freiburg
Mo - Sa: 10:00 - 20:00, So & Feiertag: 11:00 - 16:00

Weitere Infos: www.veganfreundlich.org/274

Vegetage

Freiburg | Das Vegetage ist ein stilvolles Selbstbedienungsrestaurant in der Freiburger Innenstadt im Bursengang. Serviert werden kalte und warme vegetarische Gerichte, Gebäck und Kuchen aus der hauseigenen Konditorei, frische Säfte, Kaffee und vieles mehr. Vegane Gerichte werden ebenfalls angeboten, diese sind aber nicht gekennzeichnet.

Rathausgasse 4, 79098 Freiburg
Mo - Sa: 11:00 - 15:00

Weitere Infos: www.veganfreundlich.org/628

Biokeller Bistro

Freiburg | Von montags bis freitags kocht das Team vom Biokeller Bistro aus naturbelassenen Rohstoffen, frischem Bio-Gemüse aus der Region und allerlei leckeren Zutaten täglich wechselnde Tagesgerichte – frischer Salat ist dabei stets mit inbegriffen! Ein leckeres Dessert, zahlreiche Tees und Bio-Säfte warten vegan auf die Gäste.

Konradstr. 17, 79100 Freiburg
Mo - Fr: 12:00 - 14:30

Weitere Infos: www.veganfreundlich.org/625

Süden

Freiburg | Das Restaurant befindet sich im Kulturhaus des Stadteils Vauban. Barocke Marmortische flankieren den Flur, Antiquitäten mit französischem Charme dekorieren das Interieur, klassische Bistrostühle an Holztischen, alte Reklameschilder aus Emaille erinnern an das französische Leben. Ein paar wenige Gerichte sind vegan.

Alfred Döblin-Platz 1, 79100 Freiburg
So - Do: 10:00 - 0:00, Fr - Sa: 10:00 - 1:00, Sonntagsbrunch: 10:00 - 14:00
Weitere Infos: www.veganfreundlich.org/626

Amara Schlemmer Stüble

Freiburg | Das Amara Schlemmer Stüble bietet neben den üblichen Fleischgerichten eine Vielzahl veganer Gerichte an. Von heißen Suppen über Lahmacun bis Pizzen kann vieles vegan zubereitet werden. Seit 2014 gibt es auch Freiburgs ersten veganen Döner. Dazu werden kühle Fritz-Getränke gereicht.

Engelbergerstr. 37, 79106 Freiburg
Mo - Do: 11:00 - 23:00, Fr - So: 12:00 - 23:00

Weitere Infos: www.veganfreundlich.org/630

Waldschänke

Freiburg | Ruhig, direkt am Wald und dennoch nah am Zentrum von Freiburg gelegen bietet das Restaurant seit 1954 hochwertige badische Speisen. Bei deren Zubereitung werden nur Produkte regionaler Landwirte oder selbst gesammelte Wildkräuter und Beeren der Region verwendet. Vegan deklariert sind Salate, Tofu-Schnitzel sowie ein Dessert.

Waldseestr. 77, 79117 Freiburg
Mo - Sa: 18:00 - 0:00, So: 11:30 - 14:30, 18:00 - 22:00, Sep - Jun: montags geschlossen
Weitere Infos: www.veganfreundlich.org/629

Hans im Glück Isartor

München | Hans im Glück besticht mit einmaligem Ambiente und aufmerksamem Service und überrascht seine Gäste mit einer vielfältigen Auswahl an Burgerkreationen. Darunter ein veganer Burger, belegt mit würzigem Weizen-Bratling, Tomate, Rauke und Sprossen. Dazu schmecken die köstlichen Fritten und die hausgemachte Orangen-Senf-Soße.

Isartorplatz 8, 80331 München
Mo - So: ab 11:00 - ca. 1:00* (variiert je nach Standort leicht)
Weitere Infos: www.veganfreundlich.org/90

Prinz Myshkin City

München | Ausgewogene vegetarische und vegane Küche mit natürlichen Zutaten und Fokus auf den Geschmack, das bietet das gehobene Restaurant im Herzen von München. Prinz Myshkin betreibt des Weiteren ein Parkhotel sowie ein weiteres vegetarisches Restaurant in der Menzinger Straße 103. Eine rechtzeitige Reservierung empfiehlt sich.

Hackenstraße 2, 80331 München
Mo - So: 9:30 - 0:30

Weitere Infos: www.veganfreundlich.org/280

Indian Mango

München | Das Restaurant bietet ein reichhaltiges Angebot an authentischen nord- und südindischen Gerichten, stets frisch zubereitet. Liebhaber indischer Küche finden neben den konventionellen Speisen auch eine gute Auswahl veganer Speisen. Die wechselnden Tagesspezialitäten halten weitere Überraschungen bereit.

Zweibrückenstr. 15, 80331 München
Di - Fr: 11:30 - 15:00, 17:30 - 22:30, Sa, So: 12:00 - 23:00

Weitere Infos: www.veganfreundlich.org/293

Sababa

München | Sababa heißt übersetzt: „eine gute Zeit und Spaß haben“ und genau das möchte das Restaurant mit seinen Gästen. Das direkt am Viktualienmarkt befindliche Falafelrestaurant bietet eine ausgezeichnete orientalische Küche. Man erhält eine Pitatasche mit Falafelbällchen und kann sich am Salatbuffet selbst bedienen.

Westenriederstr. 9, 80331 München
Mo - Sa: 10:00 - 19:00

Weitere Infos: www.veganfreundlich.org/344

Hans im Glück Königsplatz

München | Hans im Glück besticht mit einmaligem Ambiente und aufmerksamem Service und überrascht seine Gäste mit einer vielfältigen Auswahl an Burgerkreationen. Darunter ein veganer Burger, belegt mit würzigem Weizen-Bratling, Tomate, Rauke und Sprossen. Dazu schmecken die köstlichen Fritten und die hausgemachte Orangen-Senf-Soße.

Luisenstr. 14, 80333 München
Mo - So: ab 11:00 - ca. 1:00* (variiert je nach Standort leicht)
Weitere Infos: www.veganfreundlich.org/94

YAM vegan deli

München | Das YAM vegan deli bietet täglich frisch zubereitete Tagesgerichte, Kuchen, Desserts, Limonaden und frische Säfte an und möchte dabei so nachhaltig wie möglich arbeiten. Die Lebensmittel sind wenn möglich in Bioqualität und fair gehandelt. Die Verpackungen für take-away Essen bestehen zu 100 % aus biologischen Materialien

Augustenstraße 5, 80333 München
Mo - Fr: 10:00 - 20:00, Sa: 11:00 - 17:00

Weitere Infos: www.veganfreundlich.org/271

Hamburgerei

München | Feine Burger-Manufaktur mit frischen und vielen regionalen Zutaten. Alle Burger, Salate und Suppen werden nach eigener Rezeptur täglich frisch zubereitet. Es werden zwei vegane Burger mit Linsenküchlein, ein vegetarischer mit Halloumi-Käse, sowie vegane Salate, Suppen, Pommes, Süßkartoffelsticks und rohe Gemüse-Sticks serviert.

Briennerstr. 49, 80333 München
Mo - Do: 11:30 - 23:00, Sa: 12:00 - 23:00, So: 12:00 - 22:00
Weitere Infos: www.veganfreundlich.org/292

Hans im Glück Nymphenburg

München | Hans im Glück besticht mit einmaligem Ambiente und aufmerksamem Service und überrascht seine Gäste mit einer vielfältigen Auswahl an Burgerkreationen. Darunter ein veganer Burger, belegt mit würzigem Weizen-Bratling, Tomate, Rauke und Sprossen. Dazu schmecken die köstlichen Fritten und die hausgemachte Orangen-Senf-Soße.

Nymphenburger Str. 69 , 80335 München
Mo - So: ab 11:00 - ca. 1:00* (variiert je nach Standort leicht)
Weitere Infos: www.veganfreundlich.org/88

Royal-Kebabhaus

München | Direkt am Hauptbahnhof liegt der Dönerladen von Erbil Günar, der mit seinen veganen Dönerspießen die Welt revolutionieren möchte. Sein Döner auf Seitanbasis (Weizeneiweiß) ist eine leckere Alternative zum „normalen“ Döner und endlich gibt es ihn auch an immer mehr Orten in ganz Deutschland. Dazu gibt es viele vegane Soßen.

Arnulfstr. 5, 80335 München
Mo - Sa: 10:00 - 22:00

Weitere Infos: www.veganfreundlich.org/297

Max Pett

München | Alle Gerichte von der Vorspeise über Hauptspeisen bis hin zum Dessert werden bei Max Pett liebevoll auf rein pflanzlicher Basis (vegan) zubereitet und in einem ansprechenden Ambiente in ruhiger Atmosphäre angeboten. Es wird kein Alkohol angeboten, dafür aber eine reiche Auswahl an alkoholfreien Getränken.

Pettenkoferstr. 8, 80336 München
Mo - Fr: 10:00 - 23:00, Sa: 9:00 - 23:00, So: 10:00 - 23:00

Weitere Infos: www.veganfreundlich.org/66

Hans im Glück Goetheplatz

München | Hans im Glück besticht mit einmaligem Ambiente und aufmerksamem Service und überrascht seine Gäste mit einer vielfältigen Auswahl an Burgerkreationen. Darunter ein veganer Burger, belegt mit würzigem Weizen-Bratling, Tomate, Rauke und Sprossen. Dazu schmecken die köstlichen Fritten und die hausgemachte Orangen-Senf-Soße.

Goetheplatz 2, 80337 München
Mo - So: ab 11:00 - ca. 1:00* (variiert je nach Standort leicht)
Weitere Infos: www.veganfreundlich.org/101

Kafe Marat

München | Das Kafe Marat ist ein selbstverwaltetes Zentrum in München, das von verschiedenen Gruppen betrieben wird. Geboten werden, neben dem gemütlichen Cafebetrieb mit günstigen Getränken und dem veganen / vegetarischen Essen, des Öfteren Vorträge und Infoveranstaltungen, sowie coole Konzerte und gelegentliche Events.

Thalkirchnerstraße 102, 80337 München
die diversen Gruppen haben verschiedene Öffnungszeiten, meist mittwochs bis freitags ab nachmittags
Weitere Infos: www.veganfreundlich.org/156

Südstadt

München | Die Atmosphäre in der Südstadt ist mit den vielen Holztischen, ein paar gemütlichen Fläz-Sofas und der großen Spiele-Auswahl wohnzimmermäßig entspannt. Neben Klassikern wie Burger entwickelt der Koch auch leckere vegetarische und vegane Gerichte wie beispielsweise Sojagyros mit Kichererbsenzaziki oder Seitan-Rostbraten.

Thalkirchner Str. 29, 80337 München
Mo - Do: 18:00 - 1:00, Fr - Sa: 18:00 - 3:00

Weitere Infos: www.veganfreundlich.org/299

Hans im Glück Westend

München | Hans im Glück besticht mit einmaligem Ambiente und aufmerksamem Service und überrascht seine Gäste mit einer vielfältigen Auswahl an Burgerkreationen. Darunter ein veganer Burger, belegt mit würzigem Weizen-Bratling, Tomate, Rauke und Sprossen. Dazu schmecken die köstlichen Fritten und die hausgemachte Orangen-Senf-Soße.

Bergmannstr. 50, 80339 München
Mo - So: ab 11:00 - ca. 1:00* (variiert je nach Standort leicht)
Weitere Infos: www.veganfreundlich.org/95

bodhi

Bodhi

München | Unweit der Theresienwiese liegt das erst 2014 eröffnete Restaurant mit seinen rein veganen Köstlichkeiten. Ein Barbereich mit einer großen Auswahl an Cocktails steht ebenfalls zur Verfügung. Der Name des Restaurants lässt auf asiatische Küche schließen, es handelt sich aber um größtenteils traditionelle Kost in veganer Variante.

Ligsalzstr. 23, 80339 München
Mo - So: 12:00 - 0:00

Weitere Infos: www.veganfreundlich.org/267

Kaimug

München | KAIMUG bietet gesundes, frisches, schnelles und typisch thailändisches Essen. Dazu eine Vielzahl an abwechslungsreichen veganen und vegetarischen Gerichten, sowie das einzigartige VeggieChikken, welches ein ganz neues Geschmackserlebnis darstellt. Das ansprechende und moderne Ambiente ist zudem ein optisches Highlight.

Theatinerstr. 15, Sendlinger Str. 42, Karlsplatz UG1, Hanauer Str. 68, Rotkreuzplatz 1, Zweibrückenstr. 4, Hackerbrücke 4., 80339 München, Mo - Sa: 11:00 - 21:00
Weitere Infos: www.veganfreundlich.org/287

HUIJ

München | Das HUIJ ist eine Mischung aus offener Werkstatt, Laden für selbstproduzierte Produkte aller Art und kleinem Café. Das Café ist beliebt für seinen erschwinglichen, leckeren Kaffee und seine hausgemachten veganen Muffins. Am zweiten Sonntag im Monat ist HUIJ-Brunch, der auch viele vegane Leckereien bietet.

Westendstraße 49, 80339 München
Mi - Sa: 12:00 - 20:00

Weitere Infos: www.veganfreundlich.org/289

my Indigo Stachus Passagen

München | Schnell, gesund und vielseitig. Ideal für alle, die wenig Zeit haben, sich aber trotzdem bewusst ernähren möchten. Von Sushi und Curry über Suppen und Salate bis Couscous und mehr, bietet my Indigo eine breite Auswahl an vegetarischen und veganen Gerichten. Das Motto: Addicted to the energy of a smile – Oasen voller Energie und Lebensfreude.

Karlsplatz UG B120, 80355 München
Mo - Sa: 10:30 - 21:00, So: 12:00 - 20:30

Weitere Infos: www.veganfreundlich.org/309

Tushita Teehaus

München | Im Tushita Teehaus gibt es ein täglich wechselndes veganes Tagesmenü, sowie fantastische ausgefallene Kuchenkreationen. Außerdem wird eine Vielzahl traditionell zubereiteter Tees angeboten, die auch im Verkauf erhältlich sind. Alles ist zu 100 % vegan und alle Zutaten sind aus kontrolliert biologischem Anbau.

Klenzestr. 53, 80469 München
Mo - Fr: 9:00 - 20:00, Sa: 10:00 - 20:00

Weitere Infos: www.veganfreundlich.org/270

Gute Nacht Wurst

München | In entspannter Atmosphäre kann man im Bistro mit dem außergewöhnlichen Namen leckere Currywurst aus Tofu, knusprige Pommes Frites, hausgemachte Saucen und Augustiner, Ayinger, Tegernseer Bier und alkoholfreie Getränke genießen. Zur Unterhaltung gibt es Fail-Videos und Musicbox for free.

Klenzestr. 32, 80469 München
Mo - Do: 17:00 - 0:00, Fr: 17:00 - 4:00, Sa: 12:00 - 4:00, So: 12:00 - 0:00
Weitere Infos: www.veganfreundlich.org/291

Feinspitz´ Hot Dogs

München | Der Imbiss Feinspitz´ hat sich von Anfang an zur Aufgabe gemacht, allen etwas zu bieten. So hat Feinspitz´ von Beginn an eine große Auswahl veganer Hotdogs. Bei der Wurst hat sich Feinspitz´ von Veganern beraten lassen und bietet mit AVE zusammen eine sehr leckere Wurst an. Die Soßen sind selbstgemacht und vegan.

Müllerstrasse 17, 80469 München
Di - Do: 12:00 - 23:30, Fr - Sa: 12:00 - 3:00

Weitere Infos: www.veganfreundlich.org/296

Vegelangelo

München | Wem bei Gerichten wie Sojageschnetzeltem in Rotweinzwiebelsoße mit Kartoffel-Kokos-Stampf oder Linguine in Trüffelsoße mit gerösteten Pinien ebenfalls das Wasser im Mund zusammenläuft, sollte einen Tisch im Vegelangelo reservieren und dem Restaurant mit dem Titel „Der Genussvegetarier“ einen Besuch abstatten.

Thomas-Wimmer-Ring 16, 80538 München
Di - Do: 12:00 - 14:00, Mo - Sa: ab 18:00 (Während der Schulferien ist mittags geschlossen)
Weitere Infos: www.veganfreundlich.org/281

Froschkönig

München | Die Bar mit ihren integrierten Glasbausteinen strahlt wahlweise in den Farben Rot oder Grün und vollendet den beruhigenden Charakter der chilligen Lounge. Die Küche bietet neben den Standardgerichten in der Woche auch wechselnde Tagesmenüs inklusive diverser veganer Speisen. Sonntags gibt es eine vegane Frühstückskarte.

Nymphenburger Str. 110, 80636 München
Frühstück bis 12:00, an So: bis 18:00, Warme Küche: 11:00 - 22:00, ab 22:00 Snacks
Weitere Infos: www.veganfreundlich.org/290

basic bio-buffet

München | Mitten in der Hektik von Nordschwabing befindet sich diese Bio-Oase zum Auftanken. Hier kann der Gast rauchfrei entspannen und sich mit ökologisch ausgewählten Speisen stärken. Für die, die es in ihrer Mittagspause eilig haben, steht ein leckeres Buffet bereit. Bei den wechselnden Speisen ist immer mindestens ein veganes Gericht dabei.

Herzogstraße 129, 80797 München
Mo - Sa: 8:00 - 22:00

Weitere Infos: www.veganfreundlich.org/306

Hans im Glück Schwabing

München | Hans im Glück besticht mit einmaligem Ambiente und aufmerksamem Service und überrascht seine Gäste mit einer vielfältigen Auswahl an Burgerkreationen. Darunter ein veganer Burger, belegt mit würzigem Weizen-Bratling, Tomate, Rauke und Sprossen. Dazu schmecken die köstlichen Fritten und die hausgemachte Orangen-Senf-Soße.

Türkenstr. 79, 80799 München
Mo - So: ab 11:00 - ca. 1:00* (variiert je nach Standort leicht)
Weitere Infos: www.veganfreundlich.org/100

Ignaz

München | Vegetarisches für zu Hause oder in der Mittagspause? Mit Café Ignaz kein Problem. Alle Gerichte der reichhaltigen Speisekarte gibt es auch zum Mitnehmen. Bei Stammkunden sind die saisonalen Wochen um Kürbis oder Trüffel besonders beliebt. Das Café kann man auch für private Veranstaltungen und Feiern jederzeit mieten.

Georgenstr. 67, 80799 München
Mo, Mi - Fr: 11.00 - 22.00, Sa - So: 8.00 - 22.00

Weitere Infos: www.veganfreundlich.org/266

Gratitude

München | Das Gratitude, bayrisch liebevoll auch ´Grätel´ genannt, serviert vegane und Rohkost-Gerichte ohne Geschmacksverstärker und Zusatzstoffe. Für die Gerichte werden regionale, saisonale und natürliche Lebensmittel möglichst schonend zubereitet. Das Motto des Restaurants lautet: Einfach. Natürlich. Essen.

Türkenstraße 55, 80799 München
Di - Sa: 12:00 - 17:00, 18:00 - 23:00, So: 18:00 - 23:00

Weitere Infos: www.veganfreundlich.org/269

Café Katzentempel

München | In diesem Café gibt es nicht nur leckere vegane Gerichte, Kaffee und Kuchen, sondern auch die Gesellschaft von sechs Katzen, die im Café wohnen und sich über Besucher freuen. Das Café Katzentempel bietet täglich wechselnde Tagesgerichte, Suppen, Sandwiches, Salate sowie süße Leckereien, Kuchen, Kaffee, Tee und Smoothies an.

Türkenstr. 29, 80799 München
Di - Fr: 11:00 - 20:00, Sa: 10:00 - 20:00, So: 10:00 - 18:00

Weitere Infos: www.veganfreundlich.org/273

Amalie

München | Das Restaurant mit einem einzigartigen Bar-Charakter spiegelt im Zentrum des Münchner Universitätsviertel das Münchner Lebensgefühl wieder. Genau wie die Inneneinrichtung ist auch die Küche sehr vielseitig. Sie bietet mit den wechselnden saisonalen Wochenkarten eine kulinarische Reise von München über Österreich bis nach Italien.

Amalienstr. 87, 80799 München
Mo - Sa: 10:00 - 1:00

Weitere Infos: www.veganfreundlich.org/284

nudo

München | Für das nudo ist Bio mehr als nur ein Trend. Daher werden weitestgehend Zutaten aus kontrolliert biologischem Anbau - wo sinnvoll und möglich aus der Region verwendet. Die Kernprodukte sind Pasta und Salat, die Rezepturen dafür geschmacklich ausgereift und auf eine bewusste Ernährung ausgelegt.

Amalienstr. 53, 80799 München
Mo - Fr: 11:30 - 23:00, Sa: 16:00 - 23:00

Weitere Infos: www.veganfreundlich.org/295

Super Danke

München | Die angebotenen „Organic Liquids" sind 100 % vegan und werden vor allem aus saisonalen, lokalen und biologischen Rohstoffen hergestellt. So entstehen besonders frische, gesunde und bekömmliche Smoothies und Säfte mit sättigender, energiespendender Wirkung. Alle Green Smoothies werden stets frisch zubereitet.

Türkenstr. 66, 80799 München
Mo - Fr: 8:00 - 19:00, Sa: 10:00 - 19:00, So: 11:00 - 17:00

Weitere Infos: www.veganfreundlich.org/317

princess schokobar

München | Die erste vegane Bio-Patisserie Deutschlands bietet eine große Auswahl an gebackenen Köstlichkeiten, wie Torten, Tartes, Minigugelhupfe und mehr. Auch Schokoladenvariationen wie Eiskonfekt, Pralinen und weitere handgemachten Köstlichkeiten gibt es im Laden. Das Café lädt am Wochenende zum Verweilen mit einem Heißgetränk und Torte ein.

Haimhauserstr. 3a, 80802 München
Fr: 12:00 - 18:00, Sa - So: 13:00 - 17:30

Weitere Infos: www.veganfreundlich.org/275

Kornkammer

München | Die Kornkammer ist das älteste Naturkost-Fachgeschäft in München. Seit über 30 Jahren lieben Kunden die besondere Atmosphäre, die Beratungskompetenz und die Freundlichkeit aller Mitarbeiter. Über die Mittagszeit wird in dem Imbiss-Bereich Essen serviert, das täglich wechselt und zudem immer vegetarisch-vegan ist.

Haimhauserstr. 3a, 80802 München
Mo - Fr: 9:30 - 18:30, Sa: 9:30 - 14:00

Weitere Infos: www.veganfreundlich.org/279

Café Reitschule

München | Bei der Zubereitung der Speisen werden wann immer möglich heimische Produkte verwendet. Das Gemüse wird von Bauern aus der Region bezogen. Die Speisekarte orientiert sich am saisonalen Angebot. Deftige vegane Speisen, knackiger Salat und vegane Desserts machen den Besuch zu einem Erlebnis.

Königinstrasse 34, 80802 München
Mo - Sa: 9:00 - 1:00, So: 9:00 - 19:00

Weitere Infos: www.veganfreundlich.org/286

my Indigo Münchner Freiheit

München | Schnell, gesund und vielseitig. Ideal für alle, die wenig Zeit haben, sich aber trotzdem bewusst ernähren möchten. Von Sushi und Curry über Suppen und Salate bis Couscous und mehr, bietet my Indigo eine breite Auswahl an vegetarischen und veganen Gerichten. Das Motto: Addicted to the energy of a smile – Oasen voller Energie und Lebensfreude.

Münchner Freiheit 6, 80802 München
Mo - Do: 11:00 - 22:00, Fr - Sa: 11:00 - 23:00, So: 12:00 - 21:00
Weitere Infos: www.veganfreundlich.org/312

beirutbeirut

München | In dem kleinen Imbiss unweit der Theresienwiese, werden arabische Speisen wie Falafel oder Mezze (kleine Portionen zum Zusammenstellen) angeboten. Das beirutbeirut bereitet alle Speisen täglich frisch und selbst zu. Für Geburtstage oder als Überraschung kann man in dem Geschäft auch Gutscheine erwerben.

Valleystr. 28, 81371 München
Mo - Fr: 11:30 - 20:00, Sa: 11:30 - 18:30

Weitere Infos: www.veganfreundlich.org/285

Chakula

München | Ob Hirse-Sesam-Falafel, Veggy-Gyros, Falafel oder indisches Curry mit Reis, alle Gerichte werden aus Biozutaten frisch hergestellt und sind garantiert vegan. Chakula steht an Wochenenden auf dem Feierwerk e. V. Gelände in München, um abends die Konzert- und Partybesucher zu verköstigen. Ein zweiter Wagen steht auf Festivals.

Hansastr. 39-41, 81373 München
Ein Tourplan ist auf der Internetseite zu finden.

Weitere Infos: www.veganfreundlich.org/265

Hans im Glück Au

München | Hans im Glück besticht mit einmaligem Ambiente und aufmerksamem Service und überrascht seine Gäste mit einer vielfältigen Auswahl an Burgerkreationen. Darunter ein veganer Burger, belegt mit würzigem Weizen-Bratling, Tomate, Rauke und Sprossen. Dazu schmecken die köstlichen Fritten und die hausgemachte Orangen-Senf-Soße.

Regerplatz 2, 81541 München
Mo - So: ab 11:00 - ca. 1:00* (variiert je nach Standort leicht)
Weitere Infos: www.veganfreundlich.org/96

Charlie

München | Das mitten in München liegende Restaurant Charlie bietet eine gehobene vietnamesische Küche mit einigen veganen Speisen auf der Abend- und Mittagskarte. Diese sind mit einem (v) gekennzeichnet und beinhalten beispielsweise Tofu. Wer das gut besuchte Restaurant abends besuchen möchte, sollte unbedingt rechtzeitig reservieren.

Schyrenstr. 8, 81543 München
Di - Sa: 18:00 - 1:00, So: 17:00 - 23:00

Weitere Infos: www.veganfreundlich.org/303

TuDoRa

München | Das Restaurant liegt im Herzen Haidhausens und bietet für jeden Geschmack etwas. Neben dem Special „veganer Döner" gibt es eine große Auswahl an veganen Vorspeisen, Hauptgerichten und leckeren Desserts. Das Motto: gute Qualität zu fairem Preis in einer sehr gemütlichen Atmosphäre. Freundlicher Service inklusive.

Weissenburgerstr. 27, 81667 München
Küche Mo - Sa: 10:00 - 21:00

Weitere Infos: www.veganfreundlich.org/300

Vor Ort

Neuried | Als eines der ältesten vegetarischen Restaurants im Großraum München hat sich das Café & Restaurant Vor Ort bereits einen positiven Namen gemacht. Neben dem großen Salatbuffet (täglich ab 11.30 Uhr) gibt es hier auch für Veganer Gerichte (Pasta, Reispfanne, Pizzabrötchen...). Vegane Gerichte sind deutlich gekennzeichnet.

Gautinger Str. 3, 82061 Neuried
täglich 8:30 - 20:00

Weitere Infos: www.veganfreundlich.org/71

Zeitgeist

Planegg | Im Zeitgeist kann man den Tag mit einem gesunden Frühstück starten. Das Angebot: Green Smoothies, frisch gepresste Säfte, eine monatlich wechselnde Speisekarte und mehrere schnelle und günstige Mittagsgerichte. Regelmäßig werden Mehrgängemenüs mit Weinverkostungen vom Winzer geboten. Alles Bio und vegetarisch / vegan.

Bahnhofstr. 35, 82152 Planegg
Mo - Mi: 8:30 - 18:00, Do - Sa: 8:30 - 22:00

Weitere Infos: www.veganfreundlich.org/282

Siam

Rosenheim | Das Siam Restaurant wurde 1985 als erstes thailändisches Restaurant in Rosenheim gegründet. Dem Konzept, nur frisch zubereitete, original thailändische Gerichte zu akzeptablen Preisen anzubieten, blieben die Betreiber bis heute treu. Alle Gerichte können auch vegan (z. B. mit Tofu als Fleischersatz) bestellt werden.

Innstr. 52, 83022 Rosenheim
Mo - Do: ab 11:00, Fr: 11:00 - 15:00 & ab 18:00, Sa - So: ab 18:00
Weitere Infos: www.veganfreundlich.org/41

Strehles bioKANTINE

Rosenheim | Strehles bioKANTINE - eine Symbiose zwischen einem Bistro, einem Café sowie einem Bioladen. Alle Lebensmittel stammen aus kontrolliert biologischer Landwirtschaft. Der beliebte Mittagstisch ist immer rein vegetarisch – erfüllt aber je nach Tagesgericht auch die Bedürfnisse einer veganen oder glutenfreien Ernährung.

Samerstr. 12, 83022 Rosenheim
Mo - Fr: 9:00 - 17:00, Sa: 9:00 - 16:00

Weitere Infos: www.veganfreundlich.org/42

Hans im Glück Rosenheim

Rosenheim | Hans im Glück besticht mit einmaligem Ambiente und aufmerksamem Service und überrascht seine Gäste mit einer vielfältigen Auswahl an Burgerkreationen. Darunter ein veganer Burger, belegt mit würzigem Weizen-Bratling, Tomate, Rauke und Sprossen. Dazu schmecken die köstlichen Fritten und die hausgemachte Orangen-Senf-Soße.

Ludwigsplatz 14, 83022 Rosenheim
Mo - So: ab 11:00 - ca. 1:00* (variiert je nach Standort leicht)
Weitere Infos: www.veganfreundlich.org/691

biofair

Raubling | Wir lieben Bio – und Bio liebt fairen Handel, regionale Zusammenarbeit und Fair-trauen. In allen Filialen der Bio-Supermarktkette im Chiemgau wird täglich mindestens ein veganes Tagesgericht angeboten. Im Markt selbst gibt es eine Menge veganer Produkte, vom frischen Obst & Gemüse über Pflanzenmilch und Fleischersatz.

Rosenheimer Str. 89, 83064 Raubling
Mo - Fr: 8:30 - 19:00, Sa: 8:30 - 16:00

Weitere Infos: www.veganfreundlich.org/38

biofair

Bad Endorf | Wir lieben Bio – und Bio liebt fairen Handel, regionale Zusammenarbeit und Fair-trauen. In allen Filialen der Bio-Supermarktkette im Chiemgau wird täglich mindestens ein veganes Tagesgericht angeboten. Im Markt selbst gibt es eine Menge veganer Produkte, vom frischen Obst & Gemüse über Pflanzenmilch und Fleischersatz.

Chiemseestr. 5, 83093 Bad Endorf
Mo - Fr: 8:30 - 19:00, Sa: 8:30 - 16:00

Weitere Infos: www.veganfreundlich.org/39

biofair

Traunstein | Wir lieben Bio – und Bio liebt fairen Handel, regionale Zusammenarbeit und Fair-trauen. In allen Filialen der Bio-Supermarktkette im Chiemgau wird täglich mindestens ein veganes Tagesgericht angeboten. Im Markt selbst gibt es eine Menge veganer Produkte, vom frischen Obst & Gemüse über Pflanzenmilch und Fleischersatz.

Karl-Theodor-Platz 33, 83278 Traunstein
Mo - Fr: 8:30 - 19:00, Sa: 8:30 - 16:00

Weitere Infos: www.veganfreundlich.org/37

biofair

Trostberg | Wir lieben Bio – und Bio liebt fairen Handel, regionale Zusammenarbeit und Fair-trauen. In allen Filialen der Bio-Supermarktkette im Chiemgau wird täglich mindestens ein veganes Tagesgericht angeboten. Im Markt selbst gibt es eine Menge veganer Produkte, vom frischen Obst & Gemüse über Pflanzenmilch und Fleischersatz.

Bayernstr. 8, 83308 Trostberg
Mo - Fr: 8:30 - 19:00, Sa: 8:30 - 16:00

Weitere Infos: www.veganfreundlich.org/36

Zallis Naturkost Café

Ainring | Zallis ist ein vegetarisches Café & Restaurant, in dem frisch, vollwertig und in Bio-Qualität gekocht und gebacken wird – auf Wunsch auch vegan oder glutenfrei. Der angrenzende kleine Bioladen bietet ein breites Sortiment an hochwertigen Naturkost-Produkten, Weinen, Bio-Kosmetik und ökologischen Putz- und Waschmitteln.

Salzburger Str. 14, 83404 Ainring
Fr, So u. Mo: 9:30 - 17:30, Sa: 14:00 bis 18:00

Weitere Infos: www.veganfreundlich.org/3

Biohotel Kurz

Berchtesgaden | Im Bio-Hotel Kurz findet man nicht das Alltägliche, sondern das Außergewöhnliche. Im Restaurant wird in mehreren Gängen ein rein vegetarisch-veganes Menü serviert. Die Zutaten sind weitgehend aus biologischem Anbau. Dazu werden passende Weine aus biologischem Anbau oder hausangesetzten Kräutermazeraten gereicht.

Locksteinstr. 1, 83471 Berchtesgaden
Brunch von 9:00 - 12:00, Abendessen ab 18:30.Nicht-Hotelgäste bitte vorher reservieren.
Weitere Infos: www.veganfreundlich.org/43

Bio Cafe & Restaurant Forum

Wasserburg | Das Cafe-Forum bietet täglich eine große Auswahl an vegetarischen und veganen Gerichten an. Schwerpunkt ist die asiatische Küche, hier wiederum werden die indischen und ayurvedischen Spezialitäten bevorzugt. Ein großes Frühstücksangebot und vollwertige Cookies, Brownies, Waffeln und Fruchtcreams runden das Angebot ab.

Im Hag 13, 83512 Wasserburg
Di - Sa: 9:00 - 18:00

Weitere Infos: www.veganfreundlich.org/69

biofair

Holzkirchen | Wir lieben Bio – und Bio liebt fairen Handel, regionale Zusammenarbeit und Fair-trauen. In allen Filialen der Bio- Supermarktkette im Chiemgau wird täglich mindestens ein veganes Tagesgericht angeboten. Im Markt selbst gibt es eine Menge veganer Produkte, vom frischen Obst & Gemüse über Pflanzenmilch und Fleischersatz.

Wagnerbreite 7, 83607 Holzkirchen
Mo - Fr: 9:00 - 19:00, Sa: 9:00 - 14:30

Weitere Infos: www.veganfreundlich.org/40

Hirschbachstüberl

Lenggries | Das in Oberbayern gelegene Hirschbachstüberl ist ein vegetarisches Restaurant mit einem großen veganen Angebot. Im Jahr 2012 stellten Anneliese Stockner und ihr Team das bis dahin eher fleischlastige Restaurant aus Überzeugung (Gesundheit, Tierschutz, Umweltschutz) um und bieten seitdem Steaks, Burger und Wraps fleischlos an.

Karwendelstr. 50, 83661 Lenggries
Mo - Sa: 16:30 - 23:00, So: 15:00 - 23:00

Weitere Infos: www.veganfreundlich.org/278

Royal Kebabhaus

Landshut | Neben den üblichen Dönergerichten werden auch diverse vegane und vegetarische Speisen angeboten. Der vegane Döner ist auf Seitanbasis (Weizeneiweiß) und selbst die leckere Dönersoße kann vegan bestellt werden. Das Ganze wird als Dürüm oder im Fladenbrot angeboten. Des Weiteren gibt es Falafelgerichte.

Bahnhofstr. 1, 84032 Landshut
Mo - So: 9:00 - 23:00

Weitere Infos: www.veganfreundlich.org/591

Kaimug

Ingolstadt | Getreu der Idee, die traditionelle thailändische Garküche mit den vielen exotischen Geschmackserlebnissen nach Deutschland zu holen, bieten die thailändischen Restaurants KAIMUG ein geschmackliches Erlebnis in einem einzigartig ansprechenden Ambiente. Bisher stehen zwei vegane und viele vegetarische Gerichte zur Auswahl.

Am Westpark 6 , 85057 Ingolstadt
Mo - Sa: 11:00 - 20:00

Weitere Infos: www.veganfreundlich.org/694

Das Schmeckhaus

Freising | Das Schmeckhaus ist der Meinung, dass Bio die bessere Wahl ist. Deshalb wird den Gästen im nostalgischen Ambiente bei Speisen und Getränken alles in hochwertiger Bioqualität geboten. Das junge Küchenteam bietet zwar auch Fleischgerichte, setzt den Schwerpunkt jedoch auf vegane und vegetarische Gerichte.

Ziegelgasse 23, 85354 Freising
Di - Sa: 11:30 - 23:30

Weitere Infos: www.veganfreundlich.org/298

Karin´s

Erding | Serviert werden kreative und außergewöhnliche Speisen in hochwertiger Bioqualität, fast ausschließlich aus ökologischem und wenn möglich regionalem Anbau. Viele Gerichte sind vegan oder können vegan zubereitet werden. Jeden 1. Dienstag im Monat um 18:30 Uhr gibt es bei Karin´s einen veganen Stammtisch.

Freisinger Str. 1, 85435 Erding
Di - Fr: 17:30 - 23:00, Sa - So: 12:00 - 23:00

Weitere Infos: www.veganfreundlich.org/294

Kaimug

Erding | Getreu der Idee, die traditionelle thailändische Garküche mit den vielen exotischen Geschmackserlebnissen nach Deutschland zu holen, bieten die thailändischen Restaurants KAIMUG ein geschmackliches Erlebnis mit (bisher) zwei vegan deklarierten Gerichten. Diese Filiale befindet sich in der Therme Erding.

Thermenallee 4, 85435 Erding
Mo - So: 11:30 - 21:00

Weitere Infos: www.veganfreundlich.org/695

Atulya Eat Art

Augsburg | Das Café im Space 2b (Zentrum für kreative Bewegung und Begegnung) bietet einen ayurvedischen, vegetarisch oder veganen Mittagstisch, dazu leckere selbstgebackene Kuchen, Kaffee- und Heißgetränkspezialitäten wie „ayurvedischen Kaffee“, frischen Ingwertee mit Minze und vieles mehr. Obst und Gemüse werden regional bezogen.

Bleigässchen 2, 86150 Augsburg
Mo: 10:00 - 20:00, Di - Mi, Fr: 9:00 - 20:00, Do: 9:00 - 22:00
Weitere Infos: www.veganfreundlich.org/188

Kichererbse

Augsburg | Das vegetarische Falafel-Stehrestaurant bietet verschiedene Falafelgerichte an, die auf Wunsch auch mit veganer Sesamsoße statt Joghurt bestellt werden können. Der Imbiss liegt etwas versteckt. Einfach beim Moritzplatz die kleine Gasse rechts bergab gehen und nach etwa 20m befindet sich das Restaurant.

Judenberg 5, 86150 Augsburg
Mo - Sa: 12:00 - 21:00

Weitere Infos: www.veganfreundlich.org/189

ÇIĞKÖFTEM.com
Since 1993

Cigköftem

Augsburg | Çig köfte bedeutet „rohe Frikadellen“ - mit Fleisch hat die türkische Spezialität hier aber nichts zu tun. Vielmehr wird sie aus Naturweizen, Tomatenmark, gemahlenen Chilischoten und 18 verschiedenen Gewürzen hergestellt. Im Fastfood-Restaurant-Stil wird den Gästen hier çig köfte vegetarisch, aber auch vegan serviert.

Schaezlerstr. 2, 86150 Augsburg
(Öffnungszeiten siehe Webseite)

Weitere Infos: www.veganfreundlich.org/211

K 41

Augsburg | Leckeres vegetarisches und veganes Essen. Asiatisch, europäisch, ayurvedisch und authentisch, vor allem aber: Mit Liebe und Sorgfalt zubereitet und sehr wohlschmeckend! Die Speisen des kleinen Lokals wechseln täglich. Das Mittagsmenü gibt es ab 11:30 Uhr bis ca. 15:00 Uhr. Rund 95 % der Speisen sind vegan.

Konrad-Adenauer-Allee 41, 86150 Augsburg
Mo: 11:00 - 15:00, Di - Fr: 11:00 - 15:00, 18:00 - 21:30

Weitere Infos: www.veganfreundlich.org/213

Striese - der Altstadttresen

Augsburg | Nach längerer Pause und einer aufwändigen Renovierung wurde das „Striese“ mit dem wohl einzigartigen Flair in der wunderschönen Altstadt im Frühjahr 2011 wieder eröffnet. Die veganen Gerichte ziehen sich durch die gesamte Karte. Vom Salat über Suppen bis hin zum Hotdog oder gefüllten Teigtaschen gibt es hier alles auch in vegan.

Kirchgasse 1, 86150 Augsburg
Mo - Sa: 17:30 - 01:00

Weitere Infos: www.veganfreundlich.org/216

Sangam

Augsburg | Sangam ist ein beliebtes indisches Restaurant inmitten der Augsburger Innenstadt, rund 10 Gehminuten vom Bahnhof entfernt. Derzeit findet man auf der Speisekarte über 20 vegetarische Gerichte, die nahezu alle auf Wunsch auch vegan bestellt werden können. Wer auf indisches Essen in schönem Ambiente steht, ist hier richtig.

Hunoldsgraben 34, 86150 Augsburg
Mo - So: 11:30 - 14:30, 17:30 - 0:00

Weitere Infos: www.veganfreundlich.org/217

Henry´s Coffee World

Augsburg | Bei Henry´s Coffee World wird großer Wert auf exklusive Qualität und erlesene Aromen bei den Kaffees gelegt. Für Veganer und Vegetarier bietet das Kaffeehaus zudem eine umfangreiche Karte mit kreativen Snacks. Vom Müslifrühstück mit Sojamilch bis hin zum Nussbraten oder den gefüllten Pfannkuchen wird jeder Wunsch erfüllt.

Philippine-Welser-Str. 4, 86150 Augsburg
Mo - Mi: 8:00 - 0:00, Do - Sa: 8:00 - 1:00, So: 9:00 - 0:00

Weitere Infos: www.veganfreundlich.org/219

Cafe del Libro

Augsburg | Das Café bietet eine mediterrane Mischung aus verschiedensten italienischen Köstlichkeiten. Neben den Angeboten die an allen Tagen serviert werden, gibt es auch die wöchentlich wechselnde Karte, auf der täglich auch vegane Hauptgerichte zu finden sind. Das Café befindet sich in der neuen Stadtbücherei, ist aber offen für alle.

Ernst-Reuter-Platz 1, 86150 Augsburg
Mo - Fr: 9:00 - 19:00, Sa: 9:00 - 17:00

Weitere Infos: www.veganfreundlich.org/220

Bio Club Imbiss Lounge

Augsburg | Chillige Imbiss-Lounge mit internationalen Snacks die aus rein veganen Bio-Rohstoffen in eigener Herstellung gefertigt werden. Wer Lust auf leckere Fastfood-Klassiker wie Pizza, Falafel, Currywurst oder Cheeseburger hat, wird hier ebenso fündig wie alle Naschkatzen auf der Suche nach kreativen Eissorten und Shakes.

Jakoberstr. 20, 86152 Augsburg
Mo - So: 10:00 - 22:00

Weitere Infos: www.veganfreundlich.org/190

Die Extraveganten

Augsburg | Das im März 2014 eröffnete vegane Restaurant „Die Extraveganten" bietet eine gelungene Mischung aus den internationalen Küchen. Das bunt gewürfelte Menü beinhaltet Leckereien wie beispielsweise indisches Curry, italienische Pastagerichte oder mit Barbecuestripes gefüllte Wraps. Dazu Salate und Süßes - alles auch zum Mitnehmen.

Frauentorstr. 4, 86152 Augsburg
Mo - Sa: 10:30 - 20:00

Weitere Infos: www.veganfreundlich.org/212

Madame Kim & M. Minh

Augsburg | Das Restaurant bietet eine große Auswahl international geprägter Speisen in Harmonie mit authentisch vietnamesischen Leckereien. Die Karte bietet verschiedene vegane und vegetarische Gerichte, beispielsweise mit Tofu an. Bei gutem Wetter kann man die Speisen auch im großen Außenbereich genießen.

Sieglindenstr. 26, 86152 Augsburg
Mo - Sa: 18:00 - 0:00

Weitere Infos: www.veganfreundlich.org/215

Osteria Kuckuck

Augsburg | Augsburgs erstes (und bisher einziges) Restaurant, das Mitglied im weltweiten Slowfood-Verband ist, fühlt sich besonders verpflichtet, jedem Gast hochwertige Speisen anzubieten. Die Anzahl der veganen Gerichte ist derzeit noch sehr überschaubar, die Qualität und Zusammenstellung selbiger jedoch sehr exquisit.

Uhlandstr. 35, 86157 Augsburg
Di - Sa: 18:00 - 1:00

Weitere Infos: www.veganfreundlich.org/283

Lokalhelden

Augsburg | Lokalhelden ist ein „urbaner Hofladen“ mit integriertem Bistro. Die regionalen Produkte aus dem Sortiment werden hier zu leckeren Gerichten weiterverarbeitet. Neben den herzhaften, täglich wechselnden Speisen werden auch hausgemachte vegane Muffins und Schokolade serviert. Samstags gibt es ein reichhaltiges veganes Frühstück.

Bismarckstr. 10, 86159 Augsburg
Mo - Fr: 9:00 - 20:00, Terrasse bis 21:00, Sa: 9:00 - 16:00

Weitere Infos: www.veganfreundlich.org/214

Cosmoscafe

Friedberg | Das Cosmoscafé ist eine gemütliche vegane Kneipe im Herzen der Altstadt mit großer Auswahl an Bio-Bieren, Weinen und warmen Getränken. Dazu gibt es leckere Bio-Snacks, wie z. B. den „Friedburger“, Hummus, Suppen und mehr. Die Speisen variieren je nach Saison. Im Sommer gibt es auch Eis auf Sojabasis.

Jungbräustr. 8, 86316 Friedberg
Do - Fr: 19:00 - 0:00, Samstag nur bei Events aller Art geöffnet
Weitere Infos: www.veganfreundlich.org/218

Bistro im BioMarkt Renner

Immenstadt | Das Tagesbistro im Bio-Markt Renner bietet rein vegetarische Mittagsgerichte, die täglich wechseln sowie Frühstück, Sandwiches und Salate, Tee- und Kaffeespezialitäten sowie hausgemachten Kuchen und Gebäck. Sehr viel davon ist bereits vegan oder kann vegan zubereitet werden. Selbstverständlich sind alle Zutaten in Bio-Qualität.

Bräuhausstraße 4, 87509 Immenstadt
Mo - Fr: 9.00 - 16.00 (Mittagstisch 11:30 - 14:30)

Weitere Infos: www.veganfreundlich.org/649

books - Bücher & Cafe

Oberstaufen | Seit einigen Jahren gibt es zur Buchhandlung auch das Cafe books. Zweimal wöchentlich wechselt die Tageskarte, dazu wird eine Auswahl an hausgemachten Kuchen angeboten. Getreidekaffee mit Sojamilch und über 30 Teesorten stehen zur Auswahl. Alle Tees sind offen, frisch gebrüht und rückstandskontrolliert.

Hugo-von -Königsegg-Str. 12, 87534 Oberstaufen
Mo - Fr: 9:00 - 19:00, Sa: 9:00 - 18:00, So: 10:00 - 18:00

Weitere Infos: www.veganfreundlich.org/648

Bio Kräuterhaus bei Edita

Bolsterlang | Inmitten der traumhaften Oberallgäuer Bergkulisse erlebt man Alpenländische Gemütlichkeit in Verbindung mit einer vegetarisch-veganen Vollwerternährung auf Basis biologischer Lebensmittel. Nicht-Hotelgäste sollten einen Tag vorher reservieren. Vegane Gerichte sind nicht deklariert, können aber auf Wunsch zubereitet werden.

Bergweg 16, 87538 Bolsterlang
Reservierung (für Nicht-Hotelgäste) am Vortag erforderlich.

Weitere Infos: www.veganfreundlich.org/523

Großstadt

Lindau | Sowohl Frühstück als auch Hauptspeisen wie Wraps, Chili, Salate, Suppen, Quiche, Bratwurst und vieles mehr gibt es in vegan. Auch leckere vegane Süßspeisen und Kaffeespezialitäten werden angeboten. Außerdem findet zwei Mal im Monat ein Stammtisch für Veganer statt. Alle Gerichte gibt es auch zum Mitnehmen.

In der Grub 27, 88131 Lindau
Mo - So: 9:00 - mind. 23:00, max. 1:00 Uhr geöffnet

Weitere Infos: www.veganfreundlich.org/669

Die Möhre

Bad Waldsee | Die Möhre bietet kalifornische Küche mit frischen und aufregenden Geschmacksideen aus aller Welt. Alle Speisen und Getränke die in der Möhre serviert werden, sowie alle verwendeten Zutaten stammen aus bevorzugt regionalem und saisonalem Bio-Anbau. Alle Gerichte werden auf Wunsch vegan zubereitet.

Wurzacher Str. 12, 88339 Bad Waldsee
Di - Sa: 11:30 - 14:00, 17:30 - 22:00, So: 17:30 - 22:00

Weitere Infos: www.veganfreundlich.org/544

EssKultur

Überlingen | Frisch, bio und vegan. Diese perfekte Kombination findet man in Überlingen am schönen Bodensee. Ein Fest der Sinne erlebt man bei veganen und vegetarischen Köstlichkeiten aus verschiedenen Kulturen der Welt. Ob indisch, thailändisch oder mediterran, alle Speisen sind gekonnt gewürzt und kunstvoll angerichtet.

Gradebergstr. 2, 88662 Überlingen
Mi - Do: 12:00 -15:00, 18:00 - 21:00, Fr - Sa: 12:00 -15:00, 18:00 - 22:30, So: 12:30 -15:00, 18:00 - 21:00
Weitere Infos: www.veganfreundlich.org/511

Cigköftem

Neu-Ulm | Çig köfte bedeutet „rohe Frikadellen" - mit Fleisch hat die türkische Spezialität hier aber nichts zu tun. Vielmehr wird sie aus Naturweizen, Tomatenmark, gemahlenen Chilischoten und 18 verschiedenen Gewürzen hergestellt. Im Fastfood-Restaurant-Stil wird den Gästen hier çig köfte vegetarisch, aber auch vegan serviert.

Insel 7, 89231 Neu-Ulm
Mo - Do: 11:30 - 22:30, Fr - Sa: 11:30 - 0:00, So: 13:00 - 22:00
Weitere Infos: www.veganfreundlich.org/208

Pfeffermühle
RESTAURANT · FLUGPLATZ GÜNZBURG

Pfeffermühle

Günzburg | In der Pfeffermühle ist man bestrebt, aus saisonalen Bio-Zutaten eine natürliche, bodenständige Küche anzubieten. Tofu oder Sojajoghurt werden immer ausgezeichnet und auch beim Brunch werden alle Speisen betitelt. Die Küche soll nachvollziehbar sein, deshalb gibt es weder Convenience-Food noch Sojasoße.

Otto-Lilienthal-Weg 3, 89312 Günzburg
Mi - So: ab 11:30

Weitere Infos: www.veganfreundlich.org/513

Hans im Glück Altstadt

Nürnberg | Hans im Glück besticht mit einmaligem Ambiente und aufmerksamem Service und überrascht seine Gäste mit einer vielfältigen Auswahl an Burgerkreationen. Darunter ein veganer Burger, belegt mit würzigem Weizen-Bratling, Tomate, Rauke und Sprossen. Dazu schmecken die köstlichen Fritten und die hausgemachte Orangen-Senf-Soße.

Königstr. 74, 90402 Nürnberg
Mo - So: ab 11:00 - ca. 1:00* (variiert je nach Standort leicht)
Weitere Infos: www.veganfreundlich.org/92

bamboooh

Nürnberg | Die Adresse, wenn es um gesunde und exotische Köstlichkeiten aus Sri Lanka geht. Mitten in der Altstadt findet man die Location, um eine Entdeckungsreise der Kochkünste der traditionellen ceylonesischen Küche vorzunehmen. Zudem werden auserlesene Weine, Cocktails, Kaffee der Marke Hausbrandt und Tees angeboten.

Hirschelgasse 1, 90403 Nürnberg
Mo - Fr: 11:30 - 14:00, Mo - So: 17:30 - 0:00, ab Juni 2014 geänderte und längere Öffnungszeiten am Wochenende
Weitere Infos: www.veganfreundlich.org/456

0 1 2 3 4 5 6 7 8 9

tibet

Nürnberg | Durch seine besondere Atmosphäre möchte das Tibet die Sinne seiner Gäste erfreuen. Dazu tragen vor allem die indischen Köstlichkeiten bei, die je nach Wunsch auch gerne sehr scharf zubereitet werden. Auf der Karte findet der Besucher neun vegetarische Gerichte, wovon sechs vegan zubereitet werden können.

Johannisstr. 28, 90419 Nürnberg
täglich ab 17:00 geöffnet

Weitere Infos: www.veganfreundlich.org/460

Komagene

Nürnberg | Die weltweite Gastronomiekette mit mehr als 500 Filialen alleine in der Türkei und mittlerweile knapp ein Dutzend Filialen in Deutschland bietet rein vegane „Chee Köfte“ an. Diese beliebten Bällchen bestehen u. a. aus Bulgur und werden kalt mit Salat und Tomaten in einem Wrap serviert. Wer gerne scharf isst, wird hier fündig.

Wölckernstr. 30, 90459 Nürnberg
Mo - Sa: 09:00 - 22:30, So: 12:00 - 22:30

Weitere Infos: www.veganfreundlich.org/166

The Tasty Leaf

Nürnberg | The Tasty Leaf bietet jede Woche eine wechselnde Speisekarte mit neuen rein pflanzlichen Kreationen und Köstlichkeiten von Vorspeisen über deftigen Portionen bis zum Dessert. Dabei liegt das Augenmerk auf regionalen und saisonalen Lebensmitteln. Etwa 80% der Zutaten und Gerichte stammen zudem aus biologischem Anbau.

Bogenstraße 43, 90459 Nürnberg
Mi - Do: 11:30 - 22:00, Fr: 11:30 - 23:00, Sa: 15:00 - 23:00, So: 10:00 - 15:30
Weitere Infos: www.veganfreundlich.org/272

Auguste

Nürnberg | Alle Burger und sonstiges Junkfood sind 100 % Bio, Regional & fair. Neben den konventionellen Burgern werden auch vegetarische und vegane Burger angeboten. Mit der „pimp your burger“ Karte wird die Anzahl der Variationen noch einmal kräftig erhöht, denn jeder Gast kann sich seinen Lieblingsburger selbst zusammenstellen.

Augustenstr. 37, 90461 Nürnberg
Mo - So: 11:30 - 23:00 (Küche 11:00 - 22:00)

Weitere Infos: www.veganfreundlich.org/458

Kolbe-Bistro

Erlangen | Ein bekömmlicher, vollwertiger Roh- oder Feinkostsalat oder doch lieber eine warme Mahlzeit, einen frisch gepressten Möhrensaft oder eine Tasse Kaffee? Zum Glück braucht man sich im Bistro am Marktplatz nicht entscheiden, sondern bekommt alles. Dazu bietet die täglich wechselnde Speisekarte vegetarische und vegane Gerichte.

Marktplatz 5, 91054 Erlangen
Mo - Fr: 11:00 - 15.00

Weitere Infos: www.veganfreundlich.org/632

Bananeira

Erlangen | BANANEIRA ist ein brasilianisches Bio- & Fairtrade-Restaurant mit Hinterhofgarten und dem Motto „faire Produkte zu fairen Preisen". Hier findet man viele selbstgemachte, vegane Standards & Specials (Burger & Smoothies, Wochenkarte & hauseigene Kaffees, Pizzarondell, Riesenfrühstück, 5-Gänge-Menü, uvm.) auch to-go.

Friedrichstr. 23, 91054 Erlangen
Mo - Sa: 10:00 - 21:00, So: 10:00 - 18:00

Weitere Infos: www.veganfreundlich.org/633

Drahthammer Schlöß´l

Amberg | Das Restaurant bietet täglich verschiedene Mottobuffets, eine saisonale Speisekarte sowie speziell vegane Gerichte. Für Veranstaltungen und Feste können gerne individuelle Buffets und Menüs erstellt werden. Im Wintergarten kann man den fantastischen Ausblick auf die Vils sowie einen traumhaften Sonnenuntergang genießen.

Drahthammerstr. 30, 92224 Amberg
Mo - So: 7:00 - 1:00

Weitere Infos: www.veganfreundlich.org/342

Wirtshaus Zum Fliegerbauer

Passau | Im ehemaligen Gutshof am Stelzlhof befindet sich das erste Passauer Bio-Wirtshaus. Die Bezeichnung Wirtshaus steht sowohl für Qualität als auch für bodenständige Preise. Hier kann man frisch zubereitete regionale und saisonale vegetarisch-vegane Kost genießen. Dazu werden unter anderem ausgewählte Winzerweine serviert.

Stelzlhof 1, 94034 Passau
Mo, Mi, Do: 16:00 - 0:00, Fr - So: 10:00 - 0:00

Weitere Infos: www.veganfreundlich.org/70

UTATY

Bayerisch Eisenstein | Das Küchenteam bereitet ausschließlich vegetarische und vegane Gerichte zu und nutzt dafür seine Erfahrungen in der Herstellung indischer Speisen. Eine Reservierung empfiehlt sich. Vegane Gerichte gibt es zwar, aber komplett vegane Menüs sollten vorher telefonisch angekündigt werden.

Sonnenhof 87a/3, 94252 Bayerisch Eisenstein
Do - Sa: 17:00 - 23:00

Weitere Infos: www.veganfreundlich.org/646

Wallmühle

Atting | Das Restaurant bietet typische Hausmannskost auch in vegan an. Die meisten verwendeten Zutaten stammen aus der Region. Gekocht wird ganz ohne künstliche Geschmacksverstärker oder Konservierungsstoffe. Zu den hausgemachten Speisen können hochwertige Biere von ausgewählten Brauereien getrunken werden.

Flugplatzstr. 2, 94348 Atting
So - Do: 10:00 - 20:00, Fr - Sa: 10:00 - 22:00 (Sommer), So - Do: 11:00 - 18:00, Fr - Sa: 11:00 - 22:00 (Winter)
Weitere Infos: www.veganfreundlich.org/653

Vollwertpfanne

Kulmbach | Die Vollwertpfanne ist ein vegetarischer Mittagsimbiss im Herzen Kulmbachs, eingebettet im Traditionshaus Stamm. Die Inhaber wollen die Tradition von dem gesunden, handgefertigten Essen, das wirklich ernährt, fortsetzen. Deshalb werden aus frischen Zutaten leckere Vollwertgerichte zubereitet. Für Veganer gibt es ebenfalls Angebote.

Kressenstein 28, 95326 Kulmbach
Mo - Fr: 11:00 - 14:30

Weitere Infos: www.veganfreundlich.org/676

Lindenhof Salem

Stadtsteinach | Vegetarische Vollwertgerichte, vorwiegend aus Bio-Produkten, oft aus eigenem Anbau, bekommt man im Lindenhof SALEM. Angeboten wird ein Frühstücks- und Abendbuffet. Mittags gibt es ein täglich wechselndes Gericht und ein Salatbuffet. Auch vegane und glutenfreie Kost ist möglich. Tel. Voranmeldung erbeten: 09225 809262.

Alte Pressecker Str. 51, 95346 Stadtsteinach
bis Oktober: Mo - So: 7:00 - 13:30, 16:00 (Sa, So: 15:00) - 21:00
Weitere Infos: www.veganfreundlich.org/677

Ce Midi

Bayreuth | Für die täglich wechselnden Gerichte werden möglichst saisonale und regionale Produkte verarbeitet, darunter auch viele Bio-Produkte. Gekocht wird rein vegetarisch, oft auch vegan (vegane Speisen sind deutlich gekennzeichnet). Neben den Mittagsgerichten werden auch hausgemachte Salate und leckere vegane Kuchen angeboten.

Alexanderstr. 2, 95444 Bayreuth
Mo - Fr: 09:00 - 18:00

Weitere Infos: www.veganfreundlich.org/55

bisstro

Bayreuth | Das bisstro im Biosupermarkt biobio Gutenberghaus bietet täglich frische Mittagsgerichte, Imbisse, Salate und natürlich auch Kaffee & Kuchen. Selbstverständlich alles in Bioqualität. Dabei wird auf genaue Auszeichnung geachtet: Vegetarier, Veganer oder durch Allergien beeinträchtigte Genussmenschen werden gut informiert.

Friedrich von Schillerstr. 35, 95444 Bayreuth
Mo - Fr: 8:00 - 20:00, Sa: 8:00 - 18:00

Weitere Infos: www.veganfreundlich.org/599

Zum Sternla

Bamberg | Das Bamberger Gasthaus zum Sternla bietet immer donnerstags eine sehr große Auswahl an deftigen schwäbischen Speisen an. Wir haben uns für die Aufnahme entschieden, weil das sonst fleischlastige Restaurant damit einen ersten Schritt in die richtige Richtung unternimmt und weil es sonst in der Umgebung kaum Veganes gibt.

Lange Str. 46, 96047 Bamberg
Donnerstag vegan: 10:00 - 23:00

Weitere Infos: www.veganfreundlich.org/314

Eva´s

Würzburg | Im Eva`s kommen täglich wechselnde Bio-Gerichte auf den Tisch, neben konventionellen Speisen auch vegan und/oder glutenfrei. Zum Frühstück sind Veganer zu veganem Frischkornbrei oder „Rührei" und verschiedenen Frühstücksvariationen eingeladen. Für den kleinen Hunger stehen verschiedene Sandwiches bereit.

Sanderstr. 2a, 97070 Würzburg
(Öffnungszeiten siehe Webseite)

Weitere Infos: www.veganfreundlich.org/495

Löwenzahn

Schweinfurt | Das Restaurant mit familienfreundlicher, offener und gemütlicher Atmosphäre bietet vegetarische und vegane Gerichte aus Produkten der Region. Schwerpunktmäßig werden jahreszeitliche Erzeugnisse wie Spargel, Bohnen, Kürbisse, Pilze und weitere Gartengemüse kreativ in neuer Zusammenstellung als Gerichte angeboten.

Gartenstadtstr. 37, 97424 Schweinfurt
Di - So: 11:30 - 14:00, 17:30 - 23:00

Weitere Infos: www.veganfreundlich.org/528

Aglio e Olio

Marktheidenfeld | Das italienische Restaurant bietet eine riesige Auswahl an leckeren vegetarischen und veganen Speisen. Mittags wird ein mediterranes Gourmetbuffet mit großer Auswahl angeboten. Dazu stehen die üblichen à la carte Gerichte zur Auswahl. Klassiker sind die einmalig knusprigen Pizzen aus dem Holzofen in veganen Varianten.

Max-Braun-Str. 4, 97828 Marktheidenfeld
Mo - Sa: 8:00 - 22:00, Küchenpause 15:00 - 17:00, So: 11:00 - 18:00, warme Küche bis 14:30 Uhr
Weitere Infos: www.veganfreundlich.org/572

cognito

Erfurt | Das Cognito befindet sich direkt an der Krämerbrücke. Es ist ein Schnellrestaurant mit gesunden bewusst ausgewählten Produkten. Die Frische der Produkte steht an erster Stelle. Das Angebot reicht von Sandwiches über Salate bis hin zu Suppen und Currys wovon jeweils ein Gericht auch vegan deklariert ist.

Hefengasse 1, 99084 Erfurt
Mo - Sa: 8:00 - 22:00, So: 9:00 - 21:00

Weitere Infos: www.veganfreundlich.org/634

Café Wildfang

Erfurt | Das kinder- und elternfreundliche Café mit Bio-Leckereien, Spielgelegenheiten und kleinen Designschätzen serviert neben Bio-Kaffee und anderen Getränken auch selbstgebackenen Kuchen und vegane sowie vegetarische Snacks. In der Spielecke gibt es genügend Freiraum und natürlich Spielzeug, Stifte und Spielgefährten.

Eichenstr. 7, 99084 Erfurt
Mo - Fr: 09:00 - 19:00, Sa - So: 10:00 - 19:00

Weitere Infos: www.veganfreundlich.org/635

Green Republic

Erfurt | Das Green Republic ist ein rein veganes Bistro direkt in Erfurt. Neben einer großen Auswahl an Burgern und Hotdogs werden auch Snacks und Klassiker wie Wiener Würste mit Kartoffelsalat, Chicken Nuggets oder Bratwurst angeboten - wohlgemerkt alles rein vegan. Dazu gibt es Menüs mit Salat und Kaltgetränken.

Johannesstr. 16, 99084 Erfurt
Mo - Fr: 11:30 - 21:00, Sa - So: 14:00 - 21:00

Weitere Infos: www.veganfreundlich.org/636

Crêperie du Palais

Weimar | Schwerpunkte bilden Galettes aus Buchenweizenmehl, Crepes und Flammkuchen aber auch andere Spezialitäten wie Suppen, Salate sowie französische Weine, Biere und Cidre. Alle Produkte kommen zum großen Teil direkt aus Frankreich. Für vegan lebende Menschen wird eine Speisekarte mit einigen Galettes bereitgehalten.

Am Palais 1, 99423 Weimar
So - Do: 11:00 - 22:00, Fr - Sa: 11:00 - 24:00

Weitere Infos: www.veganfreundlich.org/507

animal
EQUALITY.DE

Sperlingsberg

Crimmitschau | Das Landhotel mit eigenem Restaurant bietet vegetarische und vegane Gerichte auf einer eigenen Karte an. Das rustikale Restaurant mit dem für vegane Speisen passenden Namen „Vitaler Hirsch" lädt ein zum entspannten Verweilen in netter Runde, bei kühlem Bier, einem Schoppen Meißner Wein und Hausmannskost.

Sperlingsberg 2, 08451 Crimmitschau

Weitere Infos: www.veganfreundlich.org/816

Lotus Lodge

Kagar | Das Gästehaus liegt rund 10km von Rheinsberg entfernt, in dem hübschen 250-Seelen-Dorf Kagar. Die Lotus Lodge besteht aus einem sanierten Landhaus, in dem sich sechs Ferienwohnungen befinden, vier Ferienhäusern, einem Veggie Restaurant und einem Yoga- und Seminarhaus mit Sauna. Das Haus liegt direkt am Kagarsee.

Dorfstr.13, 16837 Kagar

Weitere Infos: www.veganfreundlich.org/806

Forsthof Kneese

Kneese | Mitten im Biosphärenreservat Schaalsee idyllisch gelegen, befindet sich der Forsthof Kneese. Zu den Übernachtungen wird den Gästen auch ein vegan-vegetarisches Frühstück angeboten. Im Sommer werden im Café vegane Snacks, vegane Kuchen und Kaffeespezialitäten serviert. Regelmäßig finden rein vegane Buffetabende im Haus statt.

Hauptstr. 15, 19205 Kneese
Gästehaus ist ganzjährig geöffnet, Café: Samstag und Sonntag (im Sommer)
Weitere Infos: www.veganfreundlich.org/800

Bergpension Schulenberg

Schulenberg | Im Oberharz gelegen bietet das rein vegane Hotel ganzjährig Ruhe und Entspannung, traumhafte Natur, ideale Wanderbedingungen und eine hauseigene Sauna. Die Übernachtung in den Zimmern ist inklusive Frühstück, darüber hinaus gibt es auf Wunsch warmes Abendbrot sowieso Snacks und Kuchen am (Nach-)mittag.

Tannenhöhe 2, 38707 Schulenberg

Weitere Infos: www.veganfreundlich.org/808

Nicolay zur Post

Zeltingen-Rachtig | Das Hotel Nicolay zur Post in Zeltingen ist ein seit 5 Generationen familiengeführtes Ferienhotel an der Mosel. Die einmalige Lage direkt an der Mosel und das große Hallenbad begeistern jeden Gast. In dem Hotel befindet sich „Die Weinstube", ein komplett veganes Restaurant mit einer Vielzahl an Gerichten.

Uferallee 7, 54492 Zeltingen-Rachtig

Weitere Infos: www.veganfreundlich.org/814

Kräuterpension am Wald

Hanau | Die kleine familiär geführte Gästepension direkt am Wald bietet einen hauseigenen Kräutergarten, Kräuterführungen und Kochabende gegen Aufpreis sowie einen kostenlosen Bahnhoftransfer und Fahrradverleih. Die Pension ist ein idealer Ausgangspunkt für vielseitige Wanderungen und Fahrradtouren.

Liesingstr. 11, 63457 Hanau

Weitere Infos: www.veganfreundlich.org/813

Hofgut Rineck

Elztal-Muckental | Das Seminarhaus und Gesundheitszentrum Hofgut Rineck bietet auf 190 ha Alleinlage im Odenwald einen schönen Rahmen, um sich ganzheitlich zu erholen und dabei zu lernen. Hier können Körper und Geist auftanken, und es fällt leicht, alte ungesunde Gewohnheiten loszulassen. Die angebotene Kost ist vegetarisch und vegan.

Muckental, 74834 Elztal-Muckental

Weitere Infos: www.veganfreundlich.org/810

Makrobiotik erleben

Bad Wildbad | Durchatmen in der idyllischen Schwarzwald-Landschaft, die Atmosphäre des liebevoll restaurierten Fachwerkhauses genießen, natürlich und gesund schlafen und die vegane makrobiotische Küche, die auf den 5 Elementen basiert, wahlweise mit Halb- oder Vollpension kennenlernen. Das ist hier im Kurort Bad Wildbad möglich.

Eichenweg 46, 75323 Bad Wildbad

Weitere Infos: www.veganfreundlich.org/815

Hindelwanger Adler

Stockach | Das Gasthaus Hindelwanger Adler in Stockach, dem Tor zum Bodensee, bietet dem Gast neben einer Übernachtungsmöglichkeit auch leckere und abwechslungsreiche vegetarische und vegane Köstlichkeiten. Alle Doppelzimmer im Hotel sind mit Telefon, Dusche, TV und WC ausgestattet. Haustiere sind willkommen.

Tuttlinger Str. 45, 78333 Stockach

Weitere Infos: www.veganfreundlich.org/801

Haus Sonne

Aitern | Das Haus Sonne ist ein originales Schwarzwaldhaus mit Walmdach und Holzschindeln sowie einem holzgetäfeltem Gastraum inklusive Kachelofen und Ofenbank. Die Küche ist vegetarisch und vollwertig und auf Wunsch (bitte bei der Buchung angeben) auch vegan. Alle verwendeten Lebensmittel, stammen aus kontrolliert biologischem Anbau.

Untermulten 6, 79677 Aitern

Weitere Infos: www.veganfreundlich.org/803

Biopension Krennleiten

Schönau | Die im Berchtesgadener Land gelegene Bio-Penson entwickelt sich immer mehr zu einer Oase des gesunden, glücklichen und naturverbundenen Lebens. Das „Frühglücks"-Buffet ist abwechslungsreich, gesund und rein vegan / vegetarisch, die Zutaten aus biologischem Anbau und vieles ist hausgemacht und selbst gesammelt.

Krennstrasse 9, 83471 Schönau

Weitere Infos: www.veganfreundlich.org/807

Bio Kräuterhaus bei Edita

Bolsterlang | Natürlich wohnen, vegetarisch genießen - das ist das Motto von Edita Stix, der Inhaberin des Bio-Kräuterhauses mit traumhafter Oberallgäuer Bergkulisse. Dort wo die Welt noch in Ordnung ist, erlebt man Alpenländische Gemütlichkeit in Verbindung mit einer vegetarisch-veganen Vollwerternährung auf Basis biologischer Lebensmittel.

Bergweg 16, 87538 Bolsterlang

Weitere Infos: www.veganfreundlich.org/802

Haus Sonnenstein

Salem | Im kleinen Landhotel Haus Sonnenstein am Rande des Salemer Tals erwartet den Gast ein ausgefeiltes Gourmet-Frühstück: leckere (oft selbstgebackene) Brötchen, hauseigene Marmeladen, Müsli, Säfte, harmonisiertes Hauswasser, Tofu und diverse vegane Brotaufstriche. Auf Wunsch sind weitere vegane Produkte möglich.

Lindhalden 7, 88682 Salem

Weitere Infos: www.veganfreundlich.org/809

Sternenhof Appartements

Pocking | Malerisch zwischen Bad Füssing und Pocking gelegen bietet der Sternenhof ein wahres Urlaubsparadies. Die etwa 25.000 qm große Anlage ist eine Oase der Lebensfreude und Entspannung. Komfortable, gemütliche Appartements mit exklusivem Ambiente, eine zauberhafte Gartenanlage mit Wasserspielen und gepflegten Grünanlagen.

Haid 6, 94060 Pocking

Weitere Infos: www.veganfreundlich.org/804

freiraum

Bad Steben | Verwendet werden ausschließlich Lebensmittel aus 100 % biologischem Anbau. Die Küche ist vollwertig, vegetarisch, vegan, laktose- oder glutenfrei. Auf Wunsch werden individuelle Ansprüche an die eigene Ernährung beachtet. Alle Zimmer wurden mit biologisch behandelten Massivholzmöbeln ausgestattet.

Wenzstr. 4, 95138 Bad Steben

Weitere Infos: www.veganfreundlich.org/811

Erholungsoase

Marktheidenfeld | Ankommen und sich wohlfühlen: In den Räumen der Erholungsoase strahlen dem Gast helle, freundliche Farben und viel Liebe zum Detail entgegen. Sehr empfehlenswert ist nicht nur das vegetarische Essen (auf Wunsch auch vegan), sondern auch die neu eröffnete Therme im nur 8 Kilometer entfernten Marktheidenfeld.

Löwensteinstr. 14, 97828 Marktheidenfeld

Weitere Infos: www.veganfreundlich.org/805

Relais Rose

Esselbach | Das kleine Relais bereitet seinen Gästen feinen Komfort in mediterraner Atmosphäre. Aus Achtung vor der Umwelt besteht das Frühstücksbuffet komplett aus biologischen Produkten und aus Liebe zu den Tieren werden zum Frühstück nicht nur biologische, sondern rein vegetarische und vegane Produkte angeboten.

Dorfstr. 3a, 97839 Esselbach

Weitere Infos: www.veganfreundlich.org/812

Danke!

Wir bedanken uns bei allen Unterstützern, ohne die dieses Buch nicht in diesem Umfang möglich gewesen wäre: Micky & Molly (Braunschweig), MeiWok V (Köln), Café Fleischlos (Essen), Falscher Hase (Dresden), savory (Frankfurt), Signor Verde (Köln), Emma Pea (Berlin), Satyam (Berlin), Edelbeißer (Göttingen), bamboooh (Nürnberg), Café Onkel Kurt (Ottersberg), Pfeffermühle (Günzburg), Vegangster (Rostock), Limericks Irish Pub (Krefeld), Ayurveda Kalam (Kassel), LA Döner (Hamm), Café Mamsell (Münster), Hindelwanger Adler (Stockach), Guten Abend (Köln), Vegativ (Gemmingen), Radix Einkaufsmarkt & Versand (München) sowie Salädchen (verschiedene Städte).

...sowie bei allen Verkaufsstellen.

Biokarawane

Leipzig | Bioladen mit einem umfangreichen Sortiment an Obst, Gemüse, Süßigkeiten sowie Fleisch- und Milchersatzprodukten. Das integrierte Bistro bietet täglich wechselnde vegetarische Mittagsgerichte, von denen auch immer einige Speisen vegan sind. Die Mitarbeiter wissen alles über Biokost und beraten jederzeit gern.

Grünewaldstr. 5, 04103 Leipzig
Mo - Fr: 9:00 - 19:00, Sa: 9:00 - 17:00

Weitere Infos: www.veganfreundlich.org/928

Vleischerei

Leipzig | Der rein vegane Imbiss bietet neben deftigen Speisen wie Vöner verschiedenen Burgern, Gyros und veganen Würstchen auch eine gute Auswahl an veganen Produkten wie Schokolade, Gummitierchen und anderen Süßigkeiten sowie ein Kühlregal mit gekühlten Produkten. Dazu gibt es auserwählte heimische als auch exotische Getränke.

Zschochersche Str. 23, 04229 Leipzig
Mo - Do: 11:30 - 23:00, Fr: 11:30 - 0:00, Sa: 13:30 - 0:00, So: 13:30 - 22:00
Weitere Infos: www.veganfreundlich.org/918

Vegan leben

Leipzig | Alle angebotenen Produkte sind frei von tierischen Inhaltsstoffen und somit 100 % vegan. Die Produktpalette von rund 700 Artikeln umfasst alle Waren des täglichen Bedarfs, wie z. B. süße und herzhafte Brotaufstriche, Wurstalternativen, Aufschnitt, Fleisch- und Fischalternativen, Getränke, Sojaprodukte, Seitan, Süßes, Teigwaren und vieles mehr.

Kurt-Eisner-Str. 11, 04275 Leipzig
Mo - Fr: 12:00 - 19:00, Sa: 11:00 - 16:00

Weitere Infos: www.veganfreundlich.org/912

Zu Spät

Leipzig | Das Zu Spät vereint ein ausgewähltes Spätisortiment mit einem Bistro, das Speisen wie Hotdogs, Schnitzel, Burger, Currywurst, Panini, viele verschiedene Soßen und ständig wechselnde Gerichte anbietet. Vieles davon ist selbstgemacht und alles ist vegan. Dazu werden viele vegane Produkte wie SpaceBars, Wilmersburger etc. verkauft.

Kippenbergstr. 28, 04317 Leipzig
Mo, Mi - Fr: 12:00 - 24:00, Sa: 18:00 - 24:00, So: 12:00 - 22:00
Weitere Infos: www.veganfreundlich.org/911

Peacefood

Chemnitz | Der Shop bietet eine feine Auswahl veganer Produkte von Käse- und Fleischalternativen über Süßigkeiten bis zu Produkten des täglichen Bedarfs. Außerdem gibt es Backwaren, Obst und Gemüse in Bioqualität. Das angeschlossene Bistro mit Sommerterrasse bietet wechselnde Tagesangebote (siehe Eintrag unter „Essen & Trinken").

Würzburger Str. 33, 09130 Chemnitz
Di - Mi: 11:00 - 18:00, Do - Fr: 11:00 - 19:00, Sa: 9:00 - 12:00
Weitere Infos: www.veganfreundlich.org/907

Veganz

Berlin (Friedrichshain) | Mitten in dem Szeneviertel, direkt an der belebten Warschauer Brücke, findet man den bislang größten Veganz. Der vegane Supermarkt bietet mit einem Vollsortiment alle Produkte des täglichen Bedarfs. Für alle Hungrigen serviert das angeschlossene Bistro Goodies vegane Speisen sowie eine Vielzahl von Getränken.

Warschauer Straße 33, 10243 Berlin (Friedrichshain)
Mo - Sa: 10:00 - 23:00, So: 10:00 - 20:00

Weitere Infos: www.veganfreundlich.org/914

avesu

Berlin (Friedrichshain) | Avesu steht mit Überzeugung für hochwertige und vegane Schuhe. Mit dem Anspruch Tierleid zu vermeiden, umweltfreundliche Herstellung und faire Arbeitsbedingungen zu fördern, ohne dabei auf Modetrends und guten Stil zu verzichten. So kleidet Avesu mit Leidenschaft die Füße von allen, die schöne Schuhe lieben.

Warschauer Straße 33, 10243 Berlin (Friedrichshain)
Mo - Fr: 11:00 - 20:00, Sa: 11:00 - 18:00

Weitere Infos: www.veganfreundlich.org/925

Veganz

Berlin (Prenzlauer Berg) | Das Veganz in der Schievelbeiner Straße ist die erste Veganz-Filiale und wurde 2011 eröffnet. Mit einer Auswahl von über 6.000 rein veganen Produkten bietet der Markt alle Produkte des täglichen Bedarfs. Neben dem veganen Markt befindet sich das extraVeganz mit vielen Leckereien sowie der vegane Schuhladen avesu.

Schivelbeiner Straße 34, 10439 Berlin (Prenzlauer Berg)
Mo - Sa: 9:00 - 21:00, So: 10:00 - 18:00, So: Bistro / Café Goodies 10:00 - 18:00
Weitere Infos: www.veganfreundlich.org/915

avesu

Berlin (Prenzlauer Berg) | Avesu steht mit Überzeugung für hochwertige und vegane Schuhe. Mit dem Anspruch Tierleid zu vermeiden, umweltfreundliche Herstellung und faire Arbeitsbedingungen zu fördern, ohne dabei auf Modetrends und guten Stil zu verzichten. So kleidet Avesu mit Leidenschaft die Füße von allen, die schöne Schuhe lieben.

Schivelbeiner Straße 35, 10439 Berlin (Prenzlauer Berg)
Mo - Fr: 11:00 - 20:00, Sa: 11:00 - 18:00

Weitere Infos: www.veganfreundlich.org/924

Veganladenkollektiv

Berlin (Neukölln) | Nach über einem Jahr der Vorbereitung ist es nun endlich soweit: aus der Idee Veganladenkollektiv ist inzwischen Realität geworden ist. Auf 90 qm bekommt man viele vegane Lebensmittel, Kosmetika, Tiernahrung, Haushaltsmittel, Bücher, Infos, Accessoires und Süßigkeiten. Eine kleine Café-Ecke lädt zum Verweilen ein.

Karl-Marx-Platz 24, 12043 Berlin (Neukölln)
Mo, Di, Do, Fr: 9:00 - 20:00, Mi: 12:00 - 20:00, Sa: 9:00 - 16:00
Weitere Infos: www.veganfreundlich.org/923

bevegend

Hamburg | Der Veganladen bevegend bietet neben einer großen Auswahl an Fleisch- und Käsealternativen ein breites Sortiment an Süßwaren an. Tiernahrung, Drogerieartikel, Weine und Bücher runden das umfangreiche Angebot ab. Eine persönliche Beratung erleichtert Interessierten den Einstieg in die vegane Welt.

Balduinstr. 24, 20359 Hamburg
Mo - Sa: 13:00 - 20:00

Weitere Infos: www.veganfreundlich.org/902

Veganz

Hamburg | Die vierte Veganz Filiale in Deutschland eröffnete im Juni 2013 in Hamburg Altona. Auf 400 qm Ladenfläche inklusive Café, Bistro, Back- und Feinkosttheke sowie Schuhgeschäft können Veganer, Rohköstler oder einfach neugierige Menschen rein pflanzlich schlemmen und shoppen ohne die Zutatenlisten studieren zu müssen.

Schützenstr. 21, 22761 Hamburg
Mo - Sa: 8:00 - 20:00

Weitere Infos: www.veganfreundlich.org/904

avesu

Hamburg | Avesu steht mit Überzeugung für hochwertige und vegane Schuhe. Mit dem Anspruch Tierleid zu vermeiden, umweltfreundliche Herstellung und faire Arbeitsbedingungen zu fördern, ohne dabei auf Modetrends und guten Stil zu verzichten. So kleidet Avesu mit Leidenschaft die Füße von allen, die schöne Schuhe lieben.

Schützenstraße 21, 22761 Hamburg
Mo - Fr: 11:00 - 20:00, Sa: 11:00 - 18:00

Weitere Infos: www.veganfreundlich.org/927

Veggiemaid

Oldenburg | Veggiemaid ist ein Lebensmittelgeschäft mit rein veganem Vollsortiment in der Oldenburger Innenstadt. Neben den inzwischen weit über 2000 Produkten aus den verschiedenen Bereichen gibt es außerdem einen Mittagstisch und frisch gebackene Kuchen aus eigener Herstellung. Einen Onlineshop betreibt Veggiemaid ebenfalls.

Gartenstr. 15, 26122 Oldenburg
Mo - Mi, Fr: 11:00 -18:30, Do: 11:00 - 20:00, Sa: 11:00 - 16:00
Weitere Infos: www.veganfreundlich.org/910

Bio Hof Brinkmann

Lage | Das Angebot des Hofes ist rein vegetarisch, biologisch, regional und saisonal und wird durch Wildkräuter verfeinert. Das BioLädchen hat donnerstags von 16 bis 20 Uhr geöffnet. Das Café des Hofes bietet samstags und sonntags eine Kuchenauswahl sowie verschiedene Frühstückbuffets (siehe Eintrag unter „Essen & Trinken").

Fröbelstraße 4, 32791 Lage
Café: Sa - So: 14:00 - 17.30 (9:30 - 12:00 gr. Bio-Frühstück: 1. Sonntag im Monat, kl. Frühstück: 3. Sonntag im Monat)
Weitere Infos: www.veganfreundlich.org/919

Zeitgeist - Leben ist kostbar

Göttingen | Seit August 2012 kann man endlich auch in Göttingen vegan einkaufen, ohne die Zutatenliste studieren zu müssen. Der kleine, aber feine Laden bietet eine große Produktpalette aus der Welt veganer Kostbarkeiten. Angeboten werden Waren des täglichen Bedarfs wie Wurst-, Milch- und Käsealternativen sowie Drogerieartikel.

Hospitalstrasse 12, 37073 Göttingen
Di - Fr: 10:00 - 18:00, Sa: 10:00 - 15:00

Weitere Infos: www.veganfreundlich.org/922

Der 1. bio-vegane Onlineshop ohne Palmölprodukte.
Veganese.de
aus gutem Grund!
Bio-veganes Hunde- und Katzenfutter ohne Zuckerzusatz
Hochwertige Bio-Aufstriche ohne Palmöl
Feinste Bio-Süßigkeiten z.T. FairTrade
Premium Superfoods Bio- und Rohkostqua
Ökologische Wasch und Pflegemittel
Köstliche Fleisch-/ Fis und Käsealternativen ohne Hefeextrakt
u.v.m.
100% VEGAN
BIO- UND ÖKOLOGISCH
OHNE PALMÖL UND GESCHMACKS-VERSTÄRKER
AKTIV
5%
AUF DEINE 1. BESTELLUNG!
WWW.VEGANESE.D

NATURKOST IN DER BURGSTRASSE

FRISCHE LEBENSMITTEL AUS ÖKOLOGISCHEM ANBAU

Naturkost in der Burgstraße

Göttingen | Der Naturkostladen verkauft frische und gesunde Lebensmittel von Erzeugern aus der Region. Freundliche Bedienung und kompetente Beratung der Kunden ist für das Team selbstverständlich. Für vegan und vegetarisch lebende Menschen wird eine Vielzahl an Alternativen zur konventionellen Ernährung bereitgehalten.

Burgstrasse 18, 37073 Göttingen
Mo - Fr: 8:00 - 20:00, Sa: 8:00 - 18:00

Weitere Infos: www.veganfreundlich.org/926

Planet Vegan

Braunschweig | Das „Planet Vegan" bietet mit insgesamt mehr als 1400 Produkten eine große Auswahl veganer Wurst- und Käsespezialitäten. Zudem werden Soja- und Seitanprodukte, Aufstriche, Marmeladen, Getränke, Fertigprodukte, Eis, Kosmetik, Tiernahrung, Bücher, Joghurt und vieles, vieles mehr angeboten.

Altewiekring 20a, 38102 Braunschweig
Mo - Fr: 11:00 - 18:00, Sa: 10:00 - 18:00

Weitere Infos: www.veganfreundlich.org/901

Tofuhaus

Bochum | Qualitativ hochwertige Ernährung macht gesund - und gesund macht glücklich. Das Tofuhaus in Bochum hat sich diesem Grundsatz verschrieben und bietet seit über 25 Jahren Bio-Kost und vegetarische, asiatische Köstlichkeiten an. Nur die besten Produkte aus ökologischer Herstellung finden ihren Weg in das Sortiment.

Wittener Straße 224, 44803 Bochum
Mo -Fr: 9:00 - 18:30, Sa: 9:00 - 14:00

Weitere Infos: www.veganfreundlich.org/929

Veganladen Münster

Münster | Viele leckere vegane Lebensmittel, unter anderem natürlich auch Kühlprodukte wie Tofu, Yofu und Fleisch- und Käseersatz, gibt es im Veganladen in Münster. Außerdem T-Shirts, Schuhe, Sticker, Buttons, Taschen, Bücher usw. Das Kollektivunternehmen ist nicht profitorientiert und die Gewinne werden vor allem reinvestiert oder gespendet.

Friedensstr. 7, 48145 Münster
Mo, Mi - Fr: 11:00 - 18:00, Di: 15:00 - 18:00, Sa: 10:00 - 16:00
Weitere Infos: www.veganfreundlich.org/908

Vegane Zeiten

Köln | Das rein vegane Ladengeschäft bietet alle Produkte des täglichen Bedarfs - von der Schokolade über Backzutaten bis hin zu Fleisch- und Käsealternativen. Ebenfalls angeboten wird tierversuchsfreie Kosmetik. Das Geschäft besteht nun schon seit über 10 Jahren und ist eine feste Größe für Kölner Veganer und Vegetarier.

Weyerstr. 29-31, 50676 Köln
Mo - Sa: 11:00 - 19:00

Weitere Infos: www.veganfreundlich.org/906

Vegetaja

Köln | Von der veganen Schokolade bis zum veganen Käse findet man hier alles was das Herz begehrt. Das Motto lautet: „Verzichte auf nichts!“, auch nicht auf die Qualität! Der Shop bietet vegane Lebensmittel und Kosmetik für gesundheitsbewusste Kunden. Alle Produkte sind selbstverständlich vegan, also ohne Milch und ohne Ei.

Josephskirchstr. 2-2a, 51103 Köln
Di - Fr: 10:00 - 19:00, Sa: 10:30 - 20:00

Weitere Infos: www.veganfreundlich.org/905

Veganz

Frankfurt | Die zweite Veganz Filiale in Deutschland eröffnete in Frankfurt. Auf 200 qm Ladenfläche inklusive Café können Veganer, Rohköstler oder einfach neugierige Menschen rein pflanzlich schlemmen und shoppen ohne die Zutatenlisten studieren zu müssen. Das angeschlossene Bistro Sesamo bietet dazu rein vegane Speisen und Getränke.

Spessartstraße 2, 60385 Frankfurt
Mo - Sa: 9:00 - 20:00, So: 11:00 - 16:00

Weitere Infos: www.veganfreundlich.org/916

VeganPur

Stuttgart | Veganpur ist ein Ladengeschäft mit ausschließlich veganem Sortiment, von alltäglichen Produkten wie Käse-, Milch- und Fleischalternativen bis hin zu Drogerieartikeln, Tiernahrung und Büchern zum Thema Veganismus und Tierschutz. Alle veganen Produkte sind auch in dem hauseigenen Online-Shop bestellbar.

Friedhofstr. 11, 70191 Stuttgart
Mo, Mi, Fr: 9:00 - 18:00, Do: 9:00 - 20:00, Sa: 9:00 - 14:00
Weitere Infos: www.veganfreundlich.org/920

Die Kichererbse

Stuttgart | „Die Kichererbse – vegane Alternativen“ ist Stuttgarts erster rein veganer Laden. Hier gibt es unter anderem Fleisch-, Wurst- und Käsealternativen, Süßigkeiten, Grundnahrungsmittel, Hygiene -und Lifestyle-Artikel sowie Produkte in Rohkostqualität. Bioanteil der Waren beträgt mind. 70 %. Außerdem wird ein Lieferservice und eine Abokiste angeboten.

Möhringer Straße 44 b, 70199 Stuttgart
Mo - Sa: 11:00 - 19:00

Weitere Infos: www.veganfreundlich.org/903

Vegativ

Gemmingen | Herzlich willkommen im ersten Veganfachgeschäft im Landkreis Heilbronn! Neben einer großen Auswahl an süßen und pikanten Brotaufstrichen, Feinkost- und Naturkostwaren findet man außerdem viele leckere Fleisch-, Wurst- und Käsealternativen und außerdem einmal wöchentlich frisches Obst und Gemüse in Bio-Qualität.

Schwaigerner Str. 2, 75050 Gemmingen
Mo, Di, Do, Fr: 9:00 - 19:00, Mi, Sa: 9:00 - 13:00

Weitere Infos: www.veganfreundlich.org/900

mañana

Baden-Baden | Der mañana fair trade Shop führt ausschließlich Produkte aus fairen Produktions- und Handelsbedingungen. Aus Verantwortung für Mensch, Tier und Umwelt wird das reichhaltige Sortiment möglichst frei von tierischen Inhaltsstoffen und in Bio-Qualität angeboten. Integriert ist ein kleines Café mit u. a. veganen Speisen und Getränken.

Büttenstr. 4, 76530 Baden-Baden
Di - Fr: 10:00 - 18:30, Sa: 10:00 - 17:30

Weitere Infos: www.veganfreundlich.org/913

Veganista

München | In der Barer Straße 36 gibt es den kleinen aber feinen veganen Konzeptladen, der Schuhe, schicke Mode und Schmuck, sowie - zum Wohlfühlen und Sitzenbleiben - Getränke und Gebäck anbietet. Alles, was man im Veganista erwerben kann, ist nicht nur fair gehandelt und so weit wie möglich bio, sondern auch vegan.

Barer Straße 36, 80333 München
Mo - Fr: 11:00 - 19:00, Sa: 11:00 - 16:00

Weitere Infos: www.veganfreundlich.org/921

LUSH FRESH HANDMADE COSMETICS

Lush - Fresh Handmade Cosmetics steht für innovative, frisch handgemachte Kosmetik, die nach ethischen Maßstäben herg stellt wird. Der Erfindungsreichtum der Produktentwickler ken dabei keine Grenzen – Pflege von Kopf bis Fuß wie Badekugeln, Duschgels, Körperpeelings und Ma sagebutterstücke oder feste Shampoos erweitern das Sortiment kontinuierlich. Dabei legt Lus immer wieder einen Fokus auf die Verwendung von qualitativ hochwertigen Zutaten – jedes Produ ist vollgepackt mit frischen Früchten, knackigem Gemüse, vitalisierenden Kräutern, duftende Blumen und ätherischen Ölen.

Das komplette Produktsortiment ist frei von Tierversuchen, 100 % vegetarisch, basiert auf eine 100 % palmölfreien Seifenbasis und ist zu 83 % vegan. Ca. 60 % der Pflegeprodukte sind komple ohne Konservierungsstoffe.

Lush-Shops deutschlandweit (nach Postleitzahlen sortiert):

Prager Str. 8, 01069 Dresden
Peterssstr. 39-41, 04109 Leipzig
EKZ Nova Eventis, 06237 Leuna
Markt 1, 09111 Chemnitz
Friedrichstr. 96, 10117 Berlin
Alexanderplatz Rathausstr. 5, 10178 Berlin
Wilmersdorfer Str. 46, 10627 Berlin
Boulevard Berlin (Steglitz) Schlossstr. 15, 12163 Berlin
Schmalzingergasse 1, 85049 Ingolstadt
Spitalerstr. 7-9, 20095 Hamburg
Elbe Einkaufszentrum Julius-Brecht-Str. 6, 22609 Hamburg
Holstenstr. 41, 24103 Kiel
Lange Str. 40, 26122 Oldenburg
Bremer Carree Obernstr. 59, 28195 Bremen
Ernst-August-Galerie, 30159 Hannover
Marienplatz 3-5, 33098 Paderborn
Hutfiltern 3, 38100 Braunschweig
Flinger Str. 8, 40213 Düsseldorf
Alte Freiheit 5, 42103 Wuppertal
Westenhellweg 11-13, 44137 Dortmund
"Center" Shop - 1.48A Limbecker Platz 1, 45127 Essen
Shop MF-26, EG.00.069 Am Hauptbahnhof 5, 45127 Essen
CentrO Centroallee 65, 46047 Oberhausen

Salzstr. 6, 48143 Münst
Hohe Str. 105-107, 50667 Kö
Rheincenter Aachener Str. 1253, 50858 Köln-Weide
Großkölnstr. 46, 52062 Aache
Sternstr. 8, 53111 Bon
Forum Mittelrhein (Zentralplatz), 56068 Kobler
Zeilgalerie, Shop 29, E2 Zeil 112-114, 60313 Frankfu
Skyline Plaza: Europa-Allee 6, 60327 Frankfu
Kirchgasse 51, 65183 Wiesbade
St. Johanner Markt 4, 66111 Saarbrücke
Hauptstr. 10 - 14, 69117 Heidelbe
Königstr. 1A, 70173 Stuttga
Neckargasse 1, 72070 Tübinge
Kaiserstr. 116, 76133 Karlsruh
Rathausgasse 4-6, 79098 Freiburg/Breisga
Sendlinger Str. 27, 80331 Münche
Leopoldstr. 76, 80802 Münche
Annastr. 30, 86150 Augsbur
Platzgasse 6, 89073 Ul
Königstr. 18-20, 90402 Nürnbe
Dominikanerplatz 4, 97070 Würzbur
Bahnhofstr. 41 - 44, 99084 Erfu

Radix Einkaufsmarkt

München | Der Wohlfühlmarkt Radix verfügt neben seinem bereits seit 1997 existierenden Online-Shop, dem ältesten Deutschlands, auch über ein veganes Ladengeschäft in München mit einem großes Angebot an Naturkost, Süßwaren, Kosmetik, Hygieneartikeln, Büchern, Textilien, Schuhen und mehr. An jedem Samstag findet eine Verkostung statt.

Thalkirchner Str. 88, 80337 München
Mo - Fr: 9:30 - 20:00, Sa: 9:30 - 16:00

Weitere Infos: www.veganfreundlich.org/930

Veganz

München | Auf über 250 qm Ladenfläche inklusive dem veganen Bistro Max Pett'chen, dem kleinen Ableger des stadtbekannten Restaurants Max Pett, können Veganer, Rohköstler oder einfach neugierige und interessierte Menschen rein pflanzlich schlemmen und shoppen ohne die Zutatenlisten studieren zu müssen. Alles ist vegan und zum großen Teil bio.

Baldestraße 21, 80469 München
Mo - Sa: 9:00 - 20:00

Weitere Infos: www.veganfreundlich.org/917

Lokalhelden

Augsburg | Lokalhelden ist ein „urbaner Hofladen" mit integriertem Bistro, in dem die regionalen Produkte zu leckeren Speisen verarbeitet werden (auch vegan). Die beiden Inhaberinnen legen großen Wert auf Nachhaltigkeit und beziehen deshalb die angebotenen Waren wie z. B. Obst und Gemüse aus der Umgebung.

Bismarckstr. 10, 86159 Augsburg
Mo - Fr: 9:00 - 20:00, Terrasse bis 21:00, Sa: 9:00 - 16:00

Weitere Infos: www.veganfreundlich.org/909

Online-Shops

Lebensmittel	
www.vegan-wonderland.de 4,90€ (ab 69€ frei)	Großer veganer Online-Shop mit Ladengeschäft in Dortmund.
www.veganese.de ab 4,90€ (ab 80€ frei)	Veganer Online-Shop mit palmölfreien, veganen Produkten in Bio-Qualität.
www.alles-vegetarisch.de 4,90€ (ab 49€ frei)	Größter rein veganer Online-Shop mit einer Vielzahl an Produkten inkl. Neuheiten.
www.smilefood.de 4,99€ (ab 49€ frei)	Vegane Lebensmittel wie Fleischalternativen v. a. der Marke „Veggy Friends“ werden verkauft.
www.vegan-total.de 3,90€ (ab 75€ frei)	Bietet über 1500 vegane Produkte an. Neben Lebensmitteln auch Kleidung und Bücher etc.
www.radixversand.de 5,95€ (ab 75€ frei)	Online-Shop für vegane Produkte mit Ladengeschäft in München.
www.veganic.de 4,90€ (ab 49€ frei)	Bietet v. a. Lebensmittel aber auch Tierfutter und vegane Kosmetik an.
veganz.ave.vg 4,90€ (ab 75€ frei)	Online-Shop der veganen Supermarktkette Veganz mit vielen Artikeln (außer gekühlte Waren).
www.veganpur.com 6,00€ (ab 70€ frei)	Veganer Online-Shop mit Artikeln des täglichen Bedarfs mit Ladengeschäft in Stuttgart.
Tiernahrung	
www.futterservice-fulda.de 5,50€ (ab 75€ frei)	Bietet eine große Auswahl veganer Futtersorten für Hunde und Katzen.
Kleidung	
www.psy7.com 4,90€	Verkauft Goa- und Psytrancekleidung. Achtet dabei auf faire Arbeitsbedingungen für Mensch & Tier.
www.rootsofcompassion.org ab 3,00€ (ab 100€ frei)	Kollektivunternehmen mit Sitz in Münster. Vertreibt Bücher und Kleidung, aber auch Lebensmittel.
www.hansvurst.de ab 5,00€ (ab 99€ frei)	Angeboten wird hochwertige handgefertigte Designermode, die fair, vegan und nachhaltig ist.

Inhalt

Essen & Trinken

Reisen

Einkaufen

tiere sind kein randthema,
sondern herzensangelegenheit
vegan. mach mit
www.vegane.org
vegane gesellschaft
deutschland e.v.

„Das gute Beispiel ist nicht nur eine Möglichkeit, andere Menschen zu beeinflussen. Es ist die einzige.“

Albert Schweitzer
Friedensnobelpreisträger

VEGAN essen | reisen | einkaufen
www.veganfreundlich.org
Herausgeber: Ron Meyer, Steinpfad 20, 59602 Rüthen
E-Mail: veganfreundlich@gmail.com
Ausgabe: 1.1 - Auflage: 1300 Stück [Buch wird ständig erweitert]
Preis: 14,90€